本书受国家社会科学基金"工业用地市场化改革的产业升级效应、机制优化与政策创新"（20BGL184）资助出版

张　琳◎著

# 工业用地市场化改革
## ——成效与展望

MARKET ORIENTED REFORM OF INDUSTRIAL LAND
Achievements and Prospects

中国财经出版传媒集团
经济科学出版社
Economic Science Press
·北 京·

**图书在版编目（CIP）数据**

工业用地市场化改革：成效与展望/张琳著. --
北京：经济科学出版社，2024.3
（大连理工大学管理论丛）
ISBN 978 - 7 - 5218 - 5748 - 1

Ⅰ.①工… Ⅱ.①张… Ⅲ.①工业用地 - 市场改革 -
研究 - 中国 Ⅳ.①F429.9

中国国家版本馆 CIP 数据核字（2024）第 066410 号

责任编辑：刘 莎
责任校对：刘 昕
责任印制：邱 天

# 工业用地市场化改革
## ——成效与展望

张 琳 著

经济科学出版社出版、发行 新华书店经销
社址：北京市海淀区阜成路甲 28 号 邮编：100142
总编部电话：010 - 88191217 发行部电话：010 - 88191522
网址：www.esp.com.cn
电子邮箱：esp@ esp. com. cn
天猫网店：经济科学出版社旗舰店
网址：http://jjkxcbs. tmall. com
固安华明印业有限公司印装
710×1000 16 开 10.75 印张 170000 字
2024 年 3 月第 1 版 2024 年 3 月第 1 次印刷
ISBN 978 - 7 - 5218 - 5748 - 1 定价：49.00 元
（图书出现印装问题，本社负责调换。电话：010 - 88191545）
（版权所有 侵权必究 打击盗版 举报热线：010 - 88191661
QQ：2242791300 营销中心电话：010 - 88191537
电子邮箱：dbts@ esp. com. cn）

# 前　言

　　工业用地，作为工业生产的载体，其有效配置直接影响到产业发展。2006 年发布的《国务院关于加强土地调控有关问题的通知》，开启了工业用地市场化改革的序幕：通知规定工业用地必须采用招标拍卖挂牌方式出让，其出让价格不得低于公布的最低价标准。在之后十几年间，市场化进程稳步推进，至今已经基本构建了工业用地市场的整体框架并理顺了出让机制。近年来，随着我国新型工业化进程快速推进，产业升级需求迅速攀升，工业用地市场化改革也愈发受到重视，中央密集发文指导未来深化方向。2021 年，国务院办公厅印发《要素市场化配置综合改革试点总体方案》，明确指出要通过优化产业用地供应方式、以市场化方式盘活存量用地等途径进一步提高土地要素配置效率。2022 年，《中共中央　国务院关于加快建设全国统一大市场的意见》中提出要"打造统一的土地要素市场"。在此背景下，本书系统回顾工业用地市场化改革的发展历程，评估前期阶段的改革成效，研究政策传导机制，并据此提出相应的对策建议，将为下一阶段的改革深化提供有益参考。

　　近些年，作者及课题组持续在工业用地与产业发展领域探索深耕，前期主要针对我国工业用地集约利用现状及其驱动因素等进行研究，发现市场机制不健全会导致土地资源的错配和低效利用，而这也正是市场化改革的背景与动因。在此基础上，伴随我国工业用地市场化改革的进程，开始对市场化的政策效果和传导机制进行研究。我们认为工业地价上涨是工业用地市场化改革开启后最直接的反应，然后会通过成本机制等途径提升土地配置效率，进一步，会传导至企业生产和产业发展，促进生产率提高和产业结构优化，而这也正是改革的目的。为验证上述理论推导，课题组首先基于十余年间工业用地交易数据，结合工业企业数据库，并补充大量社会经济数据，构建本研究的微观数据基础，然后进行了一系列的实证研究。从理论框架的构建、数据的收集处理，再到数据检验分析……在国家社会科学基金的资助下，历经五年多的时间完成了本书的一系列研究，整体上验证了前期的理论假说，达到了研究目的。当然，由于科研水平和客观条件的限制，本书尚存很多不足之处，许多设想仍未能实现，也希望借此书抛砖引玉，引发大家的关注与思考。

感谢我的学生赵翊廷、钱金芳、黎小明、刘航、王传镇、刘源、李亚轲、赵俊媛、黄意明、张瑞、石世玉、钟丽霞、郭鑫、张妞、穆瑞华、蔡荣华对本书所做的贡献，感谢你们热忱细致的工作！本书在撰写出版过程中，得到了多方支持，在此诚挚感谢各位同事、专家的鼓励与宝贵意见！

最后，感谢一直给予我支持和关心的家人，你们的爱与包容永远是我前进的动力！

张 琳

2024 年 5 月 20 日

# 目 录

# 第 1 章

# 绪　论

## 1.1　研究背景及意义

　　土地是人类赖以生存和发展的不可替代的物质基础，是社会经济活动的空间载体。在我国发展的初期，土地是通过无偿的供地方式"划拨"给企业的，在此基础上建立的中国工业体系和城镇体系为中国初期的工业化进程及经济发展起到了重要的作用。但是，长期的"划拨"出让土地并不是一种高效的方式，这不仅使土地要素市场长期缺乏竞争，使土地价格没有充分发挥其依据要素稀缺性合理调节资源配置的信号作用，土地的使用者也因为土地要素的零成本，导致工业发展过度依赖土地资源，由此引发土地资源利用效率低下等问题。

　　为加强土地资产管理，国务院于 2001 年发布了《国务院关于加强国有土地资产管理的通知》，提出要严格实行国有土地有偿使用制度，大力推行国有土地使用权招标、拍卖，加强地价管理。随后，2002 年国土资源部、监察部联合发布《国土资源部、监察部关于严格实行经营性土地使用权招标拍卖挂牌出让的通知》，要求经营性土地使用权必须以招标、拍卖或者挂牌方式出让，这一举措极大地改善了经营性用地市场的竞争环境，但对于工业用地的出让而言，市场化机制仍然是不完善的。工业用地作为基本的生产要素，其优化配置无疑是缓解资源瓶颈、实现工业升级和推动经济增长的重要途径。因此，中央政府着手推行工业用地的市场化配置改革，于 2006 年相继颁布《国务院关于加强土地调控有关问题的通知》和《全国工业用地出让最低价标准》，明确规定"工业用地必须通过招标、拍卖或挂牌方式出让，出让底价和成交价格不得低于当地相应的最低限价标准"，并于 2007 年 1 月 1 日起实施，这标志着工业用地市场化改革全面开始。

此外，随着我国改革逐渐步入深水区，土地要素市场化配置的重要性愈发凸显，也越来越受到重视。2020 年 4 月，中共中央、国务院出台《关于构建更加完善的要素市场化配置体制机制的意见》，明确提出深化产业用地市场化配置改革；同年 5 月，出台《关于新时代加快完善社会主义市场经济体制的意见》，进一步强调要构建更加完善的要素市场化配置体制机制。2021 年发布的《中华人民共和国国民经济和社会发展第十四个五年规划和 2035 年远景目标纲要》再次强调要推进要素市场化配置改革，建立健全城乡统一的建设用地市场。这都显示出我国继续深化土地要素市场改革、提升资源配置效率的决心。要想实现这个目的，就要对之前的改革效果进行评估，系统总结经验，挖掘问题，从而为下一步的深化路径提供研究基础。

在此背景下，本书基于大样本的土地出让数据，补充企业经营数据和社会经济数据，对工业用地市场化改革的成效进行研究，并提出相应的对策建议。以期对以往研究提供有益补充，并为政府继续推进要素市场深化改革提供可靠的决策支撑。

## 1.2 国内外研究现状

### 1.2.1 工业地价相关研究

影响土地价格的因素众多且复杂，关于工业用地价格的研究一直是土地经济领域的一个热点问题。国外学者（Lockwood L J & Rutherford R C, 1996; Atteberry W & Rutherford R, 1993; Cai et al., 2013）认为，工业用地的自然属性、区位特征、出让方式和市场供求关系是影响其价格的最主要因素。国内学者屠帆等（2017）研究发现土地供给量在年际的变化、工业用地出让方式、工业用地政策变化是影响土地出让价格的重要因素。还有学者（Cheng, 2022）研究得出工业地价与土地属性、区级经济、外商投资、工业从业人员等因素密切相关。

目前，对工业用地价格研究的文献比较完善，主要是从政府的角度出发，基于土地财政以及土地市场化的理论框架展开，分别从工业用地基准定价，以及相关的社会经济影响因素两个方面出发，探讨了工业用地价格的形成。

一是基准地价的形成。由于中国工业用地市场化改革起步较晚，因此早期关于工业用地价格的研究多集中于基准地价的确定。郑云有等（2001）提出工业用地基准地价的评估应以土地定级为基础，利用住宅用地基准地价与工业用地基准地价的相关关系进行测算，刘卫东等（2008）进一步指出工业用地成本核算、土地级差收益还原、工业厂房租金等方法可以修正由工业用地的生产要素特性、经济贡献和区域竞争力建设等因素带来的工业地价偏低现象。

二是影响价格的社会经济因素。随着工业用地开始进入市场化配置阶段，有学者开始研究影响工业用地出让价格的社会经济因素。刘金灿等（2013）利用我国 35 个大中城市的面板数据，实证检验了产业集聚、工资等社会经济因素对工业用地价格的影响，研究结果表明：税收收入和工资水平对工业地价有负向影响，产业集聚水平、人均 GDP 对工业地价有正向影响。金晓斌等（2011）以江苏省为例，采用主成分分析法对工业地价影响因素进行分析，结果表明，反映工业市场条件的工业规模和地均产出等指标对工业用地价格影响最为显著，土地利用潜力影响次之。黄金升等（2017a）研究发现，工业用地价格与产业结构变迁联系紧密，两者之间有显著的互动效应，产业结构升级是工业地价变动的原因，而工业地价变动又会影响产业结构优化。但这种互动影响只在东中部地区效果明显，西部地区影响较弱。秦兴龙等（2005）

以长江三角洲地区为考察样本，研究发现当各地区产业发展水平相近且分工呈现协同发展时，区位因素对工业地价的影响变弱；当城市间交通系统比较完善时，区位条件成为影响工业地价的非决定性因素；此时，工业用地地均GDP、基础设施建设水平和城镇居民可支配收入对土地价格的形成有很大影响。周玉龙等（2018）利用中国城市微观土地出让数据，研究发现高铁建设的"引流"效应，会显著提高设站城市的总体土地出让价格。高铁显著提高商住用地的出让价格，工业用地的出让价格反而降低。高铁对城市土地价格的影响还与地块的特征相关，用地行业的平均工资越高，以及距离市中心越近的地块，土地出让价格受到高铁的影响越大。徐跃红等（2009）以北京市工业园区为考察对象，研究发现普通园区与国家级工业园的工业地价影响因素并不相同，园区间的竞争博弈对普通工业园区工业地价影响较大，而国家级工业园的地价主要取决于园区区位、产业性质以及自身的成本收益。此外，地块位置距市中心距离、建筑密度要求、容积率、地块位置交通便利程度等地块特征因素也会对出让价格产生影响（屠帆等，2017）。

除了上述因素外，地方政府策略也是影响工业用地价格的因素。有研究认为，地方政府采取"两手"供地策略，即一方面通过较低的工业地价尽可能吸引工业企业入驻；另一方面抬高商住用地价格增加土地财政收入，使工业用地价格被低估（毛丰付、裴文龙，2013；赵祥、曹佳斌，2017；田文佳等，2019）。从阶段性来看，在工业化发展前期，地方政府倾向于利用财政补贴进行低价供地，而在工业化发展后期，由于发展目标和竞争策略的转变，地方政府之间的竞争可能反而对工业地价有积极影响（黄金升等，2017b）。彭山桂等（2015）研究认为，工业地价扭曲导致的财政增收效应并不能弥补工业地价与其实际价值的差距。

## 1.2.2 工业用地市场化改革相关研究

随着工业化发展和土地资源稀缺性的不断凸显，政府和学术界都意识到工业用地市场化改革的必要性，目前相关研究主要集中在以下两个方面：

一方面，重点关注中国工业用地市场化水平的现状评估。屠帆等（2017）的研究表明，全国土地市场化程度总体上升趋势明显，工业用地价格及市场化水平显著提升。但由于各地经济发展水平、产业结构差异，不同地区之间的地价及市场化发育程度仍然存在较大差别。赵爱栋等（2016）根据中国工业用地的出让数据对工业用地溢价率及市场化程度进行测算，发现中国的工业用地市场发育水平从 2007～2013 年上升接近四倍，各地区市场化进程均在不断深化，东部地区相对而言市场化推进速度较快。崔新蕾等（2020）根据中国土地市场网中公布的工业用地出让数据，测算工业用地市场化水平，并运用空间计量模型发现工业用地的市场化水平在全国范围内存在较大的增长差异。其中，长江中游的城市群市场化水平增幅最小，珠三角城市群的市场化水平增幅最高。但从时间维度来看，这一市场化水平差异在逐步缩小。张立新等（2018）测算长江三角区城市的工业用地价格，发现工业用地价格存在被低估的现象，而地区市场化程度的提升则有利于降低工业地价的低估程度。以上研究均表明，市场化改革相对有效，显著提升工业用地价格和市场化水平。

另一方面，聚焦于工业用地市场化改革的土地配置效应。改革形成的市场机制将直接约束土地出让行为，降低寻租活动空间，从而有效减少土地违法行为和违法案件的发生，最终为企业提供一个相对公平的购地环境。陶坤玉等（2010）研究发现土地出让方式的不同在一定程度上会对土地违法案件产生影响，其中，以协议方式为代表的非市场化出让方式对于土地违法案件无论是数量还是面积都呈正向的显著影响，而拍卖和招标方式因其市场化程度高，能够明显减少土地违法案件的发生，挂牌出让因其两阶段操作，使它兼具市场和非市场的特点，故在遏制土地违法案件方面不及招标和拍卖方式有效。陈志刚等（2013）利用我国 1999～2010 年的统计数据，实证检验了市场化改革对土地违法行为的影响，结论认为，政府和企业的土地违法面积会随着经济增长呈现显著增加的特征；但土地市场化水平的提升能够显著减少土地违法案件数目，而且市场化改革对土地违法行为的影响也存在一定的主体差异。

政府对土地市场化改革的手段之一就是出让方式的改变。蒋省三等（2007）指出，虽然工业用地"招、拍、挂"出让政策可以在一定程度上遏制地价扭曲，但工业用地价格的提升在一定程度上提高了工业用地的成本。自2007年起，工业用地协议出让比例逐年减少，除协议出让外，地方政府可以根据供地政策、土地用途、规划限制等因素选择招标、拍卖、挂牌中的一种形式进行土地出让。根据拍卖理论的收入等价原理，当参与者符合基本假设时，不同拍卖机制下的单物品拍卖期望收入相等（Myerson R，1981；Riley J & Samuelson W，1981）。

具体来看，招标出让属于密封拍卖，主要适用一些大规模的投资建设用地，使用范围极低。与招标出让的密封拍卖过程不同，拍卖与挂牌均属于升价拍卖，其中，拍卖方式属于英式拍卖，竞地企业在拍卖会中统一叫价，并遵循价高者得的原则决定竞得者；而挂牌方式则属于两阶段拍卖，包括企业顺序报价的第一阶段以及现场竞价的第二阶段（Wang & Hui，2017）。在拍卖与挂牌方式中，竞地企业能够获取相关信息，观察其他企业的出价与策略选择，进而有效降低其信息租金，并最终提升出让方的期望收入。其中，在英式拍卖下，信息获取过程会推迟企业的退出决策，并提高最终的交易价格。相关研究也证明相对于静态拍卖，英式拍卖下由于竞标者可以观察竞争者数量与竞价信息，竞争更加激烈，价格相对来说较高（Compte O & Jehiel P，2007）。尽管部分研究发现，目前英式拍卖下存在一定的过度信息获取行为，在信息获取成本较高时英式拍卖下获取信息的时机并不合适（Gretschko V & Rajko A，2015）。但总体来看，通过拍卖方式出让工业用地仍被认为是竞争强度最高的一种形式，各类型企业能够公开透明地进行竞地决策，现有文献也多将拍卖视为更加"市场化"的出让方式（屠帆等，2017；周方伟、杨继东，2020）。

相较于招标与拍卖，挂牌的使用范围则更加广泛。在挂牌的两阶段出让方式下，政府部门首先公布挂牌宗地的相关信息，符合条件的竞买者可以据此填写报价单，挂牌期满后，公布最高报价及报价者，若仍有竞买者报价，则转入现场竞价的第二阶段。原则上，挂牌方式充分结合招标与拍卖的多重特点，更适合中国的工业用地交易。赵娅（2012）在假设专业竞标者与非专业竞标者同时存在的情况下，证明挂牌方式与招标方式相比，可以为竞标者提供更多的信息，从而导致最终的成交价格较高。

此外，还有研究关注了工业用地市场化改革的经济效应。刘元春和陈金至（2020）认为，在土地市场化的初期，商品住房改革、城乡土地二元制度以及招拍挂制度的建立，使土地的商品属性和金融属性得到显化，由此派生出了一个"以地融资"的高效经济模式，这种模式显著促进中国的工业化以及资本深化和金融深化的进程，带动城市经济跨越式发展。但随着我国经济的转型，土地市场化改革也逐步加码，在此基础上，也有学者提出进一步的观点，刘守英（2020）通过门槛模型检验，"以地谋发展"模式发生了阶段性的转变，土地对城市工业化以及经济的拉动作用已经衰竭，甚至在部分地区，依旧采用此模式反而会阻碍经济的发展。田文佳（2020）同样认为，低价出售工业用地的效率不高，尽管吸引更多的企业入驻，但单位土地的总产值和全要素生产率较低。还有学者研究目前工业用地市场化阶段出让对城市经济的影响。例如：陈卓（2022）认为，工业用地的价格随着市场化的提升短期内对于效率提升并不显著，但在长期内促进城市的工业效率；席强敏（2019）、张莉（2019b）都认为工业用地价格提升存在选择效应，使高效率的企业可以进入，而低效率的企业难以进入，从而提高城市的工业效率；黎小明（2018）、黄志基（2022）认为，工业用地的价格上升倒逼了城市产业结构的升级，从而促进城市工业效率；谢呈阳（2020）、范子英（2022）认为，城市工业用地价格的提升，提高企业的成本，挤出企业的创新研发支出；徐升艳等（2018）研究发现，土地出让市场化能够通过融资效应和资源配置效应最终有效地促进地方的经济增长。

伴随着市场化改革的推进，前期被严重压低的工业地价逐渐回升，用地成本攀升最终会形成选择机制，即对于低效率企业而言会形成较低的进入概率和较高的退出概率，从而有利于效率更高的企业获取工业用地。有学者（Zheng & Shi，2018）基于2009年微观企业数据采用条件logit模型实证分析了企业进入的特征，发现企业偏好于进入那些工业用地供给规模更大且土地配置结构更加均衡的地区。冯志艳和黄玖立（2018）认为，市场化改革带来的用地价格的上升使企业进入受到较为明显的影响，在我国经济发展水平最高的东部地区呈现明显的抑制作用，且对于非国有企业、土地依赖型行业以及低增加值行业中抑制效果同样存在。李波（2020）则进一步分析土地出让市场化进程影响非国有企业进入的原因，其研究成果认为，工业用地市场化主要是通过提高城市土地利用效率、城市基础设施建设水平以及因减轻寻租程度而为更多类型企业提供了购地空间，从而最终增加了非国有企业的进入概率。

### 1.2.3　研究述评

综上所述，工业用地市场化改革的现状、资源配置效应以及经济效应是经济学领域关注的重点。相关文献涉及的范围也较广，但也存在一些不足之处。

首先，对工业地价研究并不完善。工业地价作为反映工业用地市场化水平的关键指标，目前有关工业地价的研究主要分为两类，一是研究工业用地基准地价的形成；二是研究影响工业地价的社会经济因素。工业地价的空间相关性也是研究工业地价不可忽视的方向，但目前鲜有研究。

其次，缺乏对工业用地市场化改革前因的分析。现有研究主要关注的是工业用地市场化改革的现状评估，研究认为虽然全国各区域的工业用地改革效果存在不平均和不全面的情况，但总体上工业用地的市场化改革有效提升了市场化水平。但分析工业用地市场化改革的前因，工业用地价格扭曲带来了消极的经济效应，也同样重要，目前却鲜有学者关注。

最后，缺乏自下而上的研究视角。现有文献多是自上而下研究工业用地市场化改革推进效果和效应，较少自下而上分析市场机制对企业生产效率的影响。对工业用地与全要素生产率的研究多集中在土地价格的经济效应，研究工业地价扭曲和资源错配对生产率的消极影响，或者研究工业地价的升高对生产率的积极影响，但鲜有研究综合考察工业用地市场化改革对企业全要素生产率的影响机制和效果。

实际上，工业用地市场化改革的制定目的之一是通过出让方式的转变使地价回归土地本身的价值，从而促进土地要素的配置效率以提高工业企业的生产效率。因此，其中内在的机理与过程对于工业用地的要素市场化配置理论和政策制定至关重要，需要从更全面细致的角度客观分析工业用地市场化改革通过何种路径最终对企业生产效率产生何种影响。因此，本书计划利用土地微观出让数据和微观企业的购地数据，实证考察政府供地行为对工业地价的影响，并检验土地市场化改革的土地配置效应和生产率效应，以期为深化我国工业用地市场化配置改革提供相应的研究支持。

## 1.3 研究内容

本书共分为 8 章，具体的篇章结构安排如下：

第 1 章介绍了工业用地市场化改革的研究背景与现实意义，并对国内外现有关于工业地价和工业用地市场化改革的相关研究进行梳理总结，在深度研读前人研究成果的基础上明确了本书的研究思路与逻辑框架。

第 2 章对我国工业用地相关政策背景进行梳理，详细介绍了城市土地管理政策发展演化的各个阶段与工业用地政策的发展历史，并从工业用地区域分布、出让方式、价格水平三个角度对目前工业用地的利用情况进行分析。

第 3 章在梳理相关理论的基础上，推导出市场化改革对工业地价、土地配置效率和企业生产效率层层递进的影响机理。

第 4 章探讨了市场机制不完善的背景下低价供地所产生的经济效应，分别从长期和短期两个方面检验了其经济效应。

第 5 章从土地价格角度探讨了工业用地市场化改革效果，以全国 280 个地级市为研究对象，利用空间相关性分析及固定效应回归分析，重点论述工业用地市场化出让行为对工业地价的影响，并基于区域差异辅以异质性分析。

第 6 章从土地资源配置视角探讨工业用地市场化改革效果，基于匹配数据构造了优质地块、工业用地市场化程度及土地配置效率等测度指标，利用多元离散选择模型及其边际分析法、反事实估计等方法，验证了土地资源在不同所有制企业间配置的机会公平性和价格公平性，并进一步考察工业用地配置效率所存在的区域差异。

第 7 章深入企业效率层面探讨工业用地市场化改革效果，运用双重差分法从资源配置和技术创新两个机制论证工业用地市场化改革对企业全要素生产率的提升作用，并基于企业、行业、地区差异展开异质性分析。

第 8 章为工业用地市场化改革效果总结与政策启示，基于前文对工业用地市场化改革在工业地价、资源配置、企业效率等多方面成效的分析，总结改革的成功经验和出现的新问题，以期为推进要素市场深化改革提供有益思考。

# 第2章

# 中国工业用地政策演化及利用现状

## 2.1 工业用地政策演化

土地政策，是土地管理的重要工具和手段，也为土地利用行为提供了基本的框架和背景。土地政策的发展也在很大程度上影响了土地利用方式的转变。尤其是对于我国来说，土地制度从建立至今，仍处于逐步完善的阶段，土地制度的改革和政策转变将对土地利用产生深远的影响。

基于此，本节结合土地制度和土地市场化改革，梳理了与工业用地利用相关的土地政策发展进程，大致划分为两个阶段：市场化改革前和市场化改革后，以期为后文的实证结果分析提供相应的政策背景支持。

### 2.1.1 工业用地市场化改革前

（1）无偿划拨阶段（1949～1977年）

新中国成立伊始，国家对城市土地所有制分阶段进行了改革，按照不同性质的土地采取不同的措施，通过没收、赎买等方式逐步实现土地国有化。其中，1949年公布的《中国人民解放军布告》《中国人民政治协商会议共同纲领》，以及 1951 年的《关于没收战犯、汉奸、官僚资本家及反革命分子的财产的指示》《中央人民政府政务院关于没收反革命罪犯财产的规定》制定了对官僚买办资本和民族资本、个体工商户及华侨的土地改造指示与要求。1953 年政务院公布的《国家建设征用土地办法》中规定"凡征用之土地，产权属于国家。用地单位不需要时，应交还国家，不得转让"。1954 年 2 月 24 日，《中央人民政府政务院关于对国营企业、机关、部队、学校等占用市郊土地征收土地使用费或租金问题的批复》中规定："国有企业经市人民政府批准占用的土地，不论是拨给公产或出资购买，均应作为该企业的资产，不必再向政府交纳使用费；机关、部队、学校经政府批准占用的土地，亦不交纳租金和使用费。"随后，1954 年 4 月 27 日，《中央人民政府内务部关于执行国家建设征用土地办法中几个问题的综合答复》中也规定："国家机关、企业、学校、团体及公私合营企业使用国有土地时，由当地政府无偿拨给使用，均不必再缴纳租金。"

1954 年 9 月，《中华人民共和国宪法》的颁布与实施，正式确立了中国的社会主义制度，同时意味着全部城市土地归国家所有。1967 年 11 月 4 日国家房管局、财政部、税务总局发布了《关于城镇土地国有化请示提纲的记录》，强调了土地国有化问题。

1973 年 6 月 18 日，国家计委、建委发布了《关于贯彻执行国务院有关在基本建设中节约用地规定的指示的通知》，第一次提出了节约用地的原则；建设项目的总平面布置要紧凑合理，老企业的改建扩建要充分利用原有场地。

从新中国成立初期到改革开放前这一段时期，中国的土地政策主要表现为：土地所有权归国家，并且采取由政府统一划拨的无偿、无限期、无流动性的土地供给方式。

（2）有偿使用阶段（1978～2005 年）

随着中国全面改革开放的进行，三资企业大量的出现，国民经济发展迅速，非农建设用地大量增加。与此同时，城市土地政策也发生了重大的变化，探索土地有偿使用费的征收。1980 年 7 月 26 日，《国务院关于中外合营企业建设用地的暂行规定》指出："中外合营企业用地，不论新征用土地，还是利用原有企业的场地，都应计收场地使用费。"这表明国务院开始征收城镇土地使用费，也是土地政策改革的前兆。1983 年 11 月 19 日，针对一些企事业单位或个人非法买卖租赁土地问题，国务院下发了《国务院关于制止买卖、租赁土地的通知》。

20 世纪 80 年代末至 90 年代初，国务院和各部委出台了众多城市土地政策，探索土地有偿出让。1988 年 9 月 27 日，国务院发布了《中华人民共和国城镇土地使用税暂行条例》，对城镇国有土地使用税的征收、缴纳及使用的政策问题作了规定。该条例指出，征收土地使用税是"为了合理利用城镇土地，调节土地级差收入，提高土地使用效益，加强土地管理"。该条例还规定，土地使用税实行后，土地使用费改征土地使用税。同年 12 月修正的《中华人民共和国土地管理法》，明确规定实行国有土地有偿使用制度，为土地市场的发展提供了法律保障。1989 年 7 月 22 日国务院出台了《国务院关于出让国有土地使用权批准权限的通知》，对于国有土地使用权的批准权限作了严格规定。此外，国家土地管理局等部委也制定并发布了多项土地管理政策，如《国家土地管理局关于出让国有土地使用权审批管理暂行规定》等。1990 年 5 月 19 日，国务院发布《中华人民共和国城镇国有土地使用出让和转让暂行条例》，该条例明确了工业用地最高出让年限 50 年，它确立了出让土地使用权的产权地位，对土地使用权出让、转让、出租等作了规范化的法律规定。

20 世纪 90 年代开始，随着改革开放的深入和城市化进程的加速，城市土地二级市场开放，土地交易迅速增加，与此同时，各地开发区建设盛行。对此，1993 年 4 月 28 日国务院出台了《国务院关于严格审批和认真清理各类开发区的通知》，随后国家科委发布了《国家科委关于严格审批和认真清理高新技术产业开发区的通知》，要求集中力量抓紧办好国家和省级高新技术产业开发区，认真检查和清理地方自行兴办的高新技术产业开发区（园）。

1994 年 12 月 3 日，国家土地管理局发布《股份有限公司土地使用权管理暂行规定》，允许将一定期限的国有土地使用权作价入股，由新设企业持有并用于转让、出租、抵押，同时政府还创立了新的出租方式，即土地年租制。1998 年 2 月 17 日国家土地管理局发布了《国有企业改革中划拨土地使用权管理暂行规定》，进一步推行土地有偿使用制度，对划拨土地的使用权作了相关规定。1998 年 3 月 10 日，国土资源部的成立标志着中国的土地政策的发展进入了一个新的阶段。

1999 年 1 月 27 日，为了建设公开、公平、公正的土地市场，实现集约用地、节省土地资源，国土资源部下发了《关于进一步推行招标拍卖出让国有土地使用权的通知》，严格限定了行政划拨供地和协议出让土地的范围，并限定了现已出让土地使用权的最低价格。同年 3 月国土资源部发布的《土地利用年度计划管理办法》和《建设用地审查报批管理办法》，要求加强土地管理，实施土地利用总体规划，控制建设用地总量，引导集约用地。1999 年 4 月 28 日，国土资源部出台了《闲置土地处置办法》，对闲置土地的认定、处理作了规定。

2000 年 1 月 6 日，国土资源部下发了《关于建立土地有形市场促进土地使用权规范交易的通知》，要求各地结合本地区实际，加快建立土地有形市场，完善土地市场功能。2001 年 4 月 30 日，国务院下发了《国务院关于加强国有土地资产管理的通知》，一举确定了市场在配置经营性用地中的基础地位，它提出严格控制建设用地供应总量，严格实行国有土地有偿使用制度，大力推行国有土地使用权招标、拍卖，加强地价管理，规范土地审批的行政行为等要求。同时，为增强政府对土地市场的调控能力，要求有条件的地方政府要对建设用地试行收购储备制度。

2002 年 5 月 9 日，国土资源部下发了《招标拍卖挂牌出让国有土地使用权规定》，要求经营性用地必须以招标、拍卖或者挂牌方式出让。2002 年 8 月 26 日，国土资源部、监察部联合下发了《关于严格实行经营性土地使用权招标拍卖挂牌出让的通知》，严格实行商业、旅游、娱乐和商品住宅等各类经营性土地使用权的招标、拍卖或挂牌方式出让，体现公开、公平、公正的市场经济原则，抑制权力进入市场，创造了土地市场竞争的环境。

2003 年 2 月 18 日，国土资源部为了切实保护土地资源，维护土地利用总体规划和城市规划的严肃性，规范土地市场秩序，防止楼市动荡造成风险，发布《关于清理各类园区用地加强土地供应调控的紧急通知》，其中主要提出清理违规设立的各类园区；严禁违法下放土地审批权；各级国土资源管理部门要加强土地的统一规划、统一征用转用、统一开发、统一供应的管理，健全土地交易管理的各项制度；各级国土资源管理部门要加大土地出让后的监管力度，防止少数开发商圈占大量土地浪费资源和冲击市场等内容。21 日，为了进一步巩固上述文件，国土资源部又发出《进一步治理整顿土地市场秩序工作方案》的通知，其主要内容是针对各类园区用地违反土地利用总体规划和城市规划设立各种名目的园区（城村）及园区用地中存在的非法占地、越权批地、违法供地等问题。

2003 年 6 月 11 日，国土资源部又通过了《协议出让国有土地使用权规定》，规定以协议出让国有土地使用权的出让金不得低于新增建设用地的土地有偿使用费、征地（拆迁）补偿费用以及按国家规定应当缴纳的有关税费之和，有基准地价的地区，不得低于出让地块所在级别基准地价的 70%，低于最低价的不得出让土地使用权。

2004 年 10 月 21 日，国务院下发了《国务院关于深化改革严格土地管理的决定》，主要就严格执行土地管理法律法规；加强土地利用总体规划、城市总体规划、村庄和集镇规划实施管理；完善征地补偿和安置制度；健全土地节约利用和收益分配机制；建立完善耕地保护和土地管理的责任制度等内容作了详细的阐述和全面系统的规定。2004 年 11 月 1 日，为贯彻落实《国务院关于深化改革严格土地管理的决定》，加强工业项目建设用地管理，促进建设用地的集约利用，国土资源部研究制定了《工业项目建设用地控制指标（试行)》，针对一般制造业用地，给出了不同地区各类项目在投资强度、土地利用空间效率等方面所要达到的"门槛"要求。为工业用地的审查报批提供了第一个量化依据，成为工业用地集约利用的技术保障，有效地提高土地的集约利用程度。通过这些控制标准，要求建设向上、向下发展，节省用地。

这一时期相较于新中国成立初期，国家出台土地政策更加频繁，这也是中国土地政策不断改善和过渡的过程。城市土地由计划经济时期的无偿、无限期、无流动性使用向有偿、有限期、流动使用转变。

## 2.1.2　工业用地市场化改革后

2006 年，《中华人民共和国国民经济和社会发展第十一个五年规划纲要》中指出实行最严格的土地管理制度，严令禁止非法压低地价招商，加强土地利用计划管理、用途管制和项目用地预审管理，并且着重提出要提高资源特别是土地资源利用效率，要改变依靠大量占用土地、大量消耗资源和大量排放污染实现经济较快增长的模式。关于开发区用地，要求对优化开发区域实行更严格的建设用地增量控制，在保证基本农田不减少的前提下适当扩大重点开发区域建设用地供给，对限制开发区域和禁止开发区域实行严格的土地用途管制，严禁生态用地改变用途。

针对建设用地总量增长过快，低成本工业用地过度扩张，违法违规用地等屡禁不止的现象，2006 年 8 月 31 日，国务院发布了《国务院关于加强土地调控有关问题的通知》，建立了工业用地出让最低价标准统一公布制度，通知规定国家根据土地等级、区域土地利用政策等，统一制定并公布各地区工业用地出让最低价标准。工业用地必须采用招标、拍卖、挂牌方式出让，其出让价格不得低于公布的最低价标准。低于最低价标准出让土地，或以各种形式给予补贴或返还的，属非法低价出让国有土地使用权的行为，要依法追究有关人员的法律责任。这是继 2004 年国务院出台的《国务院关于深化改革严格土地管理的决定》后，中国政府为进一步贯彻落实科学发展观，保证经济社会可持续发展，在加强土地调控方面采取的更为严格的政策。

2006 年 12 月 23 日，《国土资源部关于发布实施〈全国工业用地出让最低价标准〉的通知》提出，工业用地必须采用招标拍卖挂牌方式出让，其出让底价和成交价格均不得低于所在地土地等别相对应的最低价标准；工业项目必须依法申请使用土地利用总体规划确定的城市建设用地范围内的国有建设用地；对低于法定最高出让年期（50 年）出让工业用地，或采取租赁方式供应工业用地的，所确定的出让价格和年租金按照一定的还原利率修正到法定最高出让年期的价格，均不得低于本《全国工业用地出让最低价标准》（简称

《标准》）；为切实保障被征地农民的长远生计，省级国土资源管理部门可根据本地征地补偿费用提高的实际，进一步提高本地的工业用地出让最低价标准；亦可根据本地产业发展政策，在不低于本《标准》的前提下，制定并公布不同行业、不同区域的工业用地出让最低价标准，及时报部备案；各地国土资源管理部门要加强对工业用地出让的监督管理。低于最低价标准出让工业用地，或以各种形式给予补贴或返还的，属非法低价出让国有土地使用权的行为，要依法追究有关人员的法律责任。

2007 年 4 月 4 日，《国土资源部 监察部关于落实工业用地招标拍卖挂牌出让制度有关问题的通知》发布，推进"工业用地招标、拍卖、挂牌出让"工作，这是国土资源部针对工业用地出台的又一个促进土地节约集约利用的重要文件。要求统一思想，提高对实行工业用地招标拍卖挂牌出让制度重要性的认识；明确范围，坚定不移地推进工业用地招标拍卖挂牌出让；适应工业项目用地特点，有针对性地组织实施工业用地招标拍卖挂牌出让工作；强化执法监察，促进工业用地招标拍卖挂牌出让制度的全面落实。各地方政府陆续响应政策，2007 年 5 月 24 日，深圳市政府转发了国土资源部、监察部关于落实工业用地招标拍卖挂牌出让制度有关问题的通知，并根据深圳市实际情况提出意见和要求；9 月 10 日，北京市政府出台了《北京市人民政府关于全面实行工业用地招标拍卖挂牌出让的实施意见（试行）》，对工业用地"招拍挂"出让范围和条件、前期开发、公开出让、工业项目审批和监管制定了详细规定和要求。

2007 年 11 月 19 日，国土资源部联合财政部、中国人民银行发布了《土地储备管理办法》的通知，加强土地调控，规范土地市场运行，促进土地节约集约利用，提高建设用地保障能力。随后的 12 月，国土资源部发布了《国土资源部关于进一步加强和改进建设用地备案工作的通知》，进一步发挥建设用地备案在土地批后监管中的作用，切实掌握各地建设用地审批、供应和供后利用情况，不断提高运用土地政策参与宏观调控的能力。

2008 年 1 月 7 日，《国务院关于促进节约集约用地的通知》等重要文件陆续出台，多次要求大力推进节约集约用地，进一步完善土地使用标准。其中也提到要严格落实工业和经营性用地招标拍卖挂牌出让制度。

2008年1月31日，国土资源部对2004年发布的《工业项目建设用地控制指标（试行）》进行了修订，称为《工业项目建设用地控制指标》（简称《控制指标》），内容规定："各级国土资源管理部门要严格执行《控制指标》与相关工程项目建设用地指标；编制工业项目供地文件和签订用地合同时，必须明确约定投资强度、容积率、建筑系数、行政办公及生活服务设施用地所占比重、绿地率等土地利用控制性指标要求及相关违约责任；省（区、市）国土资源管理部门要切实加强对《控制指标》实施情况的监督管理；部将根据社会经济发展、技术进步、节约集约用地要求和《控制指标》实施情况，适时修订《控制指标》。"与此同时《工业项目建设用地控制指标（试行）》停止执行。同年2月，国务院新修订《工业项目建设用地控制指标》规定："工业项目建筑系数应不低于30%；工业项目所需行政办公及生活服务设施用地面积不得超过工业项目总用地面积的7%；严禁在工业项目用地范围内建造成套住宅、专家楼、宾馆、招待所和培训中心等非生产性配套设施；工业企业内部一般不得安排绿地，但因生产工艺等特殊要求需要安排一定比例绿地的，绿地率不得超过20%。"为加快产业用地出让工作，落实产业用地出让计划，保障地区鼓励发展的产业用地需求，各地方政府分别出台相关政策。2008年10月13日，深圳市政府结合实际情况，制定了《深圳市工业及其他产业用地使用权出让若干规定》，明确规定："出让工业、物流、仓储用地使用权以及同一土地有两个以上意向用地者的用地，应当采用招标、拍卖或者挂牌等公开竞价的方式。"2009年5月，深圳市贸易工业局、深圳市规划局、深圳市国土资源和房产管理局联合下发了《深圳市工业项目建设用地控制标准（2009—2010）》，提出"加强工业项目建设用地管理，促进土地资源的集约利用和优化配置。"

2009年5月11日，国土资源部在《国土资源部关于调整工业用地出让最低价标准实施政策的通知》中规定："对各省（区、市）确定的优先发展产业且用地集约的工业项目，在确定土地出让底价时可按不低于所在地土地等别相对应标准的70%执行。优先发展产业是指各省（区、市）依据国家《产业结构调整指导目录》制定的本地产业发展规划中优先发展的产业；用地集约是指项目建设用地容积率和建筑系数超过《工业项目建设用地控制指标》所规定标准 40% 以上、投资强度增加 10% 以上。"8 月 10 日，《国土资源部、监察部关于进一步落实工业用地出让制度的通知》中提出要"合理选择工业用地招标拍卖挂牌出让方式；严格限定协议范围，规范工业用地协议出让；强化执法监察，严格执行工业用地出让制度。"

为进一步指导中西部地区承接产业转移，完善合作机制，优化发展环境，规范发展秩序，2010 年 9 月 6 日，国务院出台了《国务院关于中西部地区承接产业转移的指导意见》，提出"在坚持节约集约用地的前提下，进一步加大对中西部地区新增建设用地年度计划指标的支持力度，优先安排产业园区建设用地指标。严格执行工业用地最低出让价标准，进一步完善体现国家产业政策导向的最低价标准实施政策，探索工业用地弹性出让和年租制度。"

2010 年之后，国家层面的土地政策主要集中于通过建设用地规划与管理参与经济宏观调控，将土地管理与产业发展相适应，并且更加注重土地集约利用。在此期间，我们可以通过各地方政府出台的工业用地相关法规文件分析政策导向，即始终坚持实施稳定总量、减少增量、盘活存量的措施。

2012 年 3 月 7 日，《国土资源部关于开展工矿废弃地复垦利用试点工作的通知》要求落实节约优先的战略，开展工矿废弃地复垦利用试点工作。在此之后，2013 年 8 月 29 日，福建省国土资源厅出台《福建省国土资源厅关于贯彻省政府促进工业项目节约集约用地八条措施的通知》，要求严格执行新修订的土地使用标准，开展存量土地盘活专项行动，着力提高开发区土地利用强度和投入产出效益。2014 年 1 月 17 日，江苏省国土资源厅下发《江苏省工矿废弃地复垦利用试点管理办法》，对复垦项目管理、建新用地管理、土地权属管理、资金管理等作出详细规定。

2014 年 5 月 22 日，国土资源部下发了《节约集约利用土地规定》，通过规模引导、布局优化、标准控制、市场配置、盘活利用等手段，达到节约土地、减量用地、提升用地强度、促进低效废弃地再利用、优化土地利用结构和布局、提高土地利用效率的各项行为与活动。要求国土资源主管部门建立节约集约用地制度，开展节约集约用地活动，组织制定节地标准体系和相关标准规范，探索节约集约用地新机制，鼓励采用节约集约用地新技术和新模式，促进土地利用效率的提高。同年 9 月 12 日，国土资源部制定《国土资源部关于推进土地节约集约利用的指导意见》，深入强调控制建设用地总量，实施土地内涵挖潜和整治再开发战略，要求建立更加完善的土地集约利用制度和机制，并作出具体细则。

2015 年，国土资源部联合国家发展和改革委员会（简称"发改委"）、科技部、工业和信息化部、住房城乡建设部和商务部发布《国土资源部、发展改革委、科技部、工业和信息化部、住房城乡建设部、商务部关于支持新产业新业态发展促进大众创业万众创新用地的意见》，内容要求：优先安排新产业发展用地，依据国家《战略性新兴产业重点产品和相关服务指导目录》《中国制造 2025》和"互联网 +"等国家鼓励发展的新产业、新业态政策要求，各地可结合地方实际，确定当地重点发展的新产业，以"先存量、后增量"的原则，优先安排用地供应。对新产业发展快、用地集约且需求大的地区，可适度增加年度新增建设用地指标。同时，引导新产业集聚发展，完善新产业用地监管制度。

"十三五"时期，国家政策更加强调土地集约利用。2016 年 4 月 12 日，《国土资源"十三五"规划纲要》要求提高土地资源节约集约利用水平，盘活存量建设用地，健全节约集约用地控制标准，加强节地考核评价，推广节地模式和技术。同年，国土资源部制定了《产业用地政策实施工作指引》，提出："进一步加大产业发展用地保障工作力度，准确把握鼓励盘活现有建设用地发展相关产业的政策要义，主动提供优质服务，促进产业结构和土地利用结构双调整、双优化；进一步深化土地管理供给侧改革，落实'去产能、去库存、去杠杆、降成本、补短板'工作要求。"

2016 年 5 月 12 日，国土资源部第三次修订了《土地利用年度计划管理办法》，规定新增建设用地计划执行情况考核，以农用地转用审批、土地利用变更调查等数据为依据，重点考核新增建设用地总量、新增建设占用耕地计划执行情况和农村宅基地指标保障情况。对实际新增建设用地面积超过当年下达计划指标的，视情况相应扣减下一年度计划指标；对建设用地整治利用中存在损害群众权益，整治利用未达到时间、数量和质量要求等情形，情节严重的，扣减下一年度用地计划指标，进一步落实了"先存量，后增量"的原则。

为保证土地利用总体规划的实施，充分发挥土地供应的宏观调控作用，控制建设用地总量，2016 年 11 月，国土资源部发布《国土资源部关于修改〈建设项目用地预审管理办法〉的决定》，预审应当遵循下列原则：符合土地利用总体规划；保护耕地，特别是基本农田；合理和集约节约利用土地；符合国家供地政策。

为全面实施"总量锁定、增量递减、存量优化、流量增效、质量提高"基本策略，充分发挥土地资源市场配置作用，加强工业用地出让全生命周期管理，2016 年 3 月 30 日，上海市人民政府办公厅转发市规划国土资源局制定的《关于加强本市工业用地出让管理的若干规定》的通知，"工业用地出让全生命周期管理以提高土地利用质量和效益为目的，以土地出让合同为平台，对项目在用地期限内的利用状况实施全过程动态评估和监管，通过健全工业用地产业准入、综合效益评估、土地使用权退出等机制，将项目建设投入、产出、节能、环保、本地就业等经济、社会、环境各要素纳入合同管理，实现土地利用管理系统化、精细化、动态化。"同时，为了切实提高存量工业用地的利用质量和综合效益，建立规范、有序、共享的存量工业用地盘活机制，上海市人民政府办公厅转发市规划国土资源局制定的《关于本市盘活存量工业用地的实施办法》的通知，要求："本市存量工业用地盘活，全面实施'总量锁定、增量递减、存量优化、流量增效、质量提高'基本策略，充分挖掘存量建设用地资源，坚持内涵式集约发展，注重发挥市场机制作用，进一步完善城市功能，优化城市空间，提升城市品质，强化土地全生命周期管理，提高土地节约集约利用水平。"

2017 年 5 月 2 日，国土资源部第 1 次部务会议根据《中华人民共和国土地管理法》和《中华人民共和国土地管理法实施条例》，制定《土地利用总体规划管理办法》，落实创新、协调、绿色、开放、共享的发展理念，加强和规范土地利用总体规划管理，严格保护耕地，促进节约集约用地。2012 年 12 月 27 日国土资源部第 56 号令公布，根据 2019 年 7 月 16 日自然资源部第 2 次部务会议《自然资源部关于第一批废止和修改的部门规章的决定》修正，开展土地复垦调查评价、编制土地复垦规划设计、确定土地复垦工程建设和造价、实施土地复垦工程质量控制、进行土地复垦评价等活动，也应当遵守有关国家标准和土地管理行业标准。省级自然资源主管部门可以结合本地实际情况，补充制定本行政区域内土地复垦工程建设和造价等标准。

2019 年 8 月 26 日，第十三届全国人民代表大会常务委员会第十二次会议《关于修改〈中华人民共和国土地管理法〉、〈中华人民共和国城市房地产管理法〉的决定》第三次修正。各级人民政府应当加强土地利用计划管理，实行建设用地总量控制，根据国民经济和社会发展计划、国家产业政策、土地利用总体规划以及建设用地和土地利用的实际状况编制土地利用年度计划。土地利用年度计划应当对本法第六十三条规定的集体经营性建设用地作出合理安排。土地利用年度计划的编制审批程序与土地利用总体规划的编制审批程序相同，一经审批下达，必须严格执行。2021 年 9 月 1 日，《中华人民共和国土地管理法实施条例》正式实施。各级人民政府应当依据国民经济和社会发展规划及年度计划、国土空间规划、国家产业政策以及城乡建设、土地利用的实际状况等，加强土地利用计划管理，实行建设用地总量控制，推动城乡存量建设用地开发利用，引导城镇低效用地再开发，落实建设用地标准控制制度，开展节约集约用地评价，推广应用节地技术和节地模式。

从目前的工业用地调控政策来看，大部分集中在土地指标调控和促进土地集约利用等方面，对工业用地指标控制作了严格规定，并对相关指标作了详细地说明，以对工业用地调控起到实质性作用。工业用地市场运行制度和机制逐渐趋于完善，工业用地调控和集约利用也逐步在法律制度的保护下走入正轨。

## 2.2　工业用地利用现状

在中国工业化快速发展及土地政策不断改革完善的背景下，工业用地的利用情况也随之发生了显著而深刻的变化。本节将通过对相关统计数据的分析对中国工业用地的变化进行分析，以揭示工业用地利用的整体变化趋势，为下一步的深入分析打下基础。

### 2.2.1　工业用地区域分布

首先，本节对工业用地的历年存量进行分析，图 2 - 1 比较了 2002 ~ 2020 年中国工业用地、建设用地的数量及比例变化。由图 2 - 1 可知，2002 年以来，中国城市建设用地面积呈现出稳定而显著的增长趋势，与此同时，工业用地面积也逐年增加。分析二者比例可以看出，工业用地数量在城市建设用地

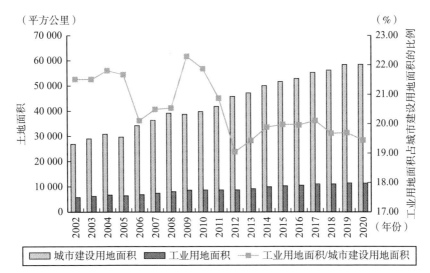

图 2 - 1　2002 ~ 2020 年中国工业用地、建设用地数量及比例变化

资料来源：中国城乡建设数据库。

数量中所占的比重基本保持在 20% 的水平上下波动，这表明工业用地与城市建设用地的增长具有一定程度的同步性。但整体来看，城市建设用地中工业用地的比例呈下降的趋势，由此可初步看出中国工业用地总量日趋收紧。

虽然基于全国的总量分析，工业用地数量变化趋势明显，然而这并不意味着各地区都是按照这个趋势变化的。中国工业正处于发展阶段，各地由于资源禀赋、经济基础及产业政策等存在很大差距，工业用地的分布也存在着明显的区域差异。并且，十年来，随着中国产业梯度转移与各区域的产业发展政策导向调整，工业用地在全国各地的分布也发生着深刻的变化。对此，进一步分析区域间工业用地分布的整体态势及增长差距（见图 2-2）。

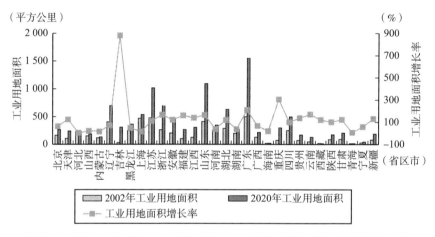

**图 2-2　2002 年和 2020 年中国各省区市工业用地面积对比及增长幅度对比**

资料来源：中国城乡建设数据库；受数据限制，此处没有统计港澳台地区。

由图 2-2 中可以看出，2002 年和 2020 年工业用地数量在地区间呈现东高西低的状态，并且区域差异很大。整体看来，工业用地面积较大的省区市多集中在东部沿海地区及东北老工业基地，而工业用地面积较少的省区市多集中于西部地区。由于产业发展和土地利用的黏性特征，十多年间，工业用地数量地区间分布特征基本一致，并且在整体增长的背景下，一个显著的特征是，工业用地数量区域间两极分化愈加突出，这源于区域间工业用地增长率的差异。工业用地原本就基数较大的广东、江苏、山东、浙江等地区增长率都超过 100%，而青海、海南、宁夏、甘肃等地区在基数很低的情况下增长率依然低于 50%，这样就加剧了工业用地分布的两极分化。

综合而言，目前中国工业用地规模分布整体上存在区域不均衡的情况，不同发展阶段的地区，工业用地数量差距较大，并且由于工业用地数量增长率的差异，两极分化愈发明显。

## 2.2.2　工业用地出让方式

在对我国工业土地管理制度与发展历程分析的基础上，通过统计性分析方法探讨我国工业用地出让情况，本节将从出让方式角度分析我国地方政府供地现状。

随着经济发展变革，中国土地制度几经变迁，不断完善。在计划经济时期，土地要素的分配方式是无偿划拨。直到 1980 年中国开始向中外合资企业收取场地费，但国家规定土地使用权不能在使用者之间相互转让，国家严格管控土地的使用方式和使用者。1982 年深圳特区开始征收土地使用费，并开始对土地使用权出让进行探索，此后，逐渐开启土地有偿使用阶段。1988 年之后土地使用权和所有权逐渐分离，由土地的无偿划拨转化为有偿使用，土地的经济价值逐渐显现，开始采取招标、拍卖方式出让土地使用权，实行了无偿划拨和有偿出让并存的"双轨制"土地供给制度，逐步将经营性土地纳入市场化配置。然而，为了大力推进工业化进程，中国一直将工业用地视为非经营性用地。2002 年国土资源部第 11 号令《招标拍卖挂牌国有土地使用权规定》中第四条规定：商业、旅游、娱乐和商品住宅等各类经营性用地必须以招标、拍卖或者挂牌的方式出让。根据其表述可以判断，"经营性用地"指的是土地用途为商业、旅游、娱乐和商品住宅的各类用地，不包括工业用地。直到 2007 年国土资源部第 39 号令通过《招标拍卖挂牌出让国有建设用地使用权规定》第三次修改，其中第四条规定：工业、商业、旅游、娱乐和商品住宅等经营性用地以及同一宗地有两个以上意向用地者的，应当以招标、拍卖或者挂牌方式出让。此时，工业用地才被视为经营性用地，工业用地开启了市场化改革之路。

自2007年起开始实施的《全国工业用地出让最低价标准》，对工业地价的出让方式做了严格的规定，"工业用地必须采用招标拍卖挂牌方式出让"，这就使得划拨及协议出让面积占比急剧下降。如图2-3所示，通过对2008～2021年工业用地出让方式进行统计分析可知，自工业用地市场化改革以来，我国工业用地出让中采取"招标、拍卖、挂牌"三种方式的占比大幅上升，工业用地的市场化配置程度有了跨越式的提升，由工业用地市场化改革初期的70%左右，快速上升至90%以上。同时，在愈加严格的协议出让标准下，工业用地协议出让占比大幅下降，到2015年工业用地协议出让所占的比例已经低至5%。2018年，土地用途重新划分，工矿仓储用地由原来的工业用地、采矿用地、仓储用地更新为了工业用地、采矿用地、盐田以及仓储用地。因此，2018年以后协议用地出让所占的比例已经低至5%左右。由此可见，我国工业用地出让方式已由行政手段为主转变为市场为主，土地市场化程度显著提升。

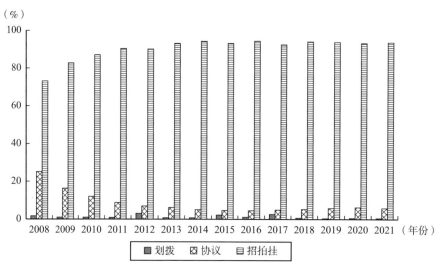

图2-3 土地出让情况（2008～2021年）

资料来源：中国土地市场网。

## 2.2.3　工业用地价格水平

土地价格是反映土地市场供需的重要指标。近年来，随着中国工业用地市场化配置机制越来越完善，"招拍挂"方式出让的土地比例越来越高，目前，已经不能简单地通过协议出让土地比例作为衡量地方政府供地行为的标准。而工业用地价格是度量地方政府供地行为的最直接指标，因此，本节基于国土资源部监测的全国土地市场交易数据，对中国工业用地价格水平近年来的变化趋势进行了分析。

首先，从全国层面的整体地价水平来看（见图 2 - 4），2000 ~ 2016 年城市建设用地中的商服用地和住宅用地整体上呈现出同步增长，并且增长幅度很大，其中 2008 年出现较大跨度的增长。与此同时，工业用地虽然也在增长，但增长的速度十分缓慢，至 2016 年，全国工业地价水平仍未超过 1 000 元/平方米，而同期的商服用地和居住用地地价水平分别接近 7 000 元/平方米和 6 000 元/平方米。

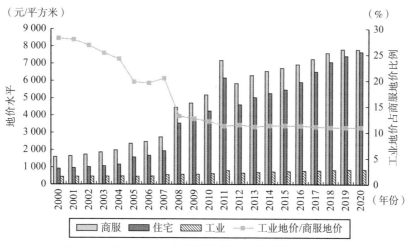

图 2 - 4　2000 ~ 2020 年全国各类用地地价水平变化趋势

资料来源：中国城市地价动态监测网。

从工业用地地价水平占商服用地地价水平比例的变化趋势来看，2008 年出现了较大跨度的下降，也即对应 2008 年的商服用地和居住用地地价水平较大幅度的增长，工业用地仍保持了以往缓慢的增长速度，整体上工业用地地价水平占商服用地地价水平的比例表现为大幅的下降趋势，二者比例从 2000年的 28% 下降至 2016 年的 11%。而研究表明，我国城市工业与居住用地的合理比价应为 43% （曹清峰、王家庭，2014），工业用地与商服用地价格之间明显的"剪刀差"，表明中国工业地价正处于不合理的偏低状态。统计分析证明了在地方政府引资竞争下，目前我国工业用地出让价格未能合理反映资源稀缺性和市场供求关系作用下的实际价值（赵爱栋等，2016）。

在分析了全国工业地价水平基础上，进一步分析工业地价水平的区域间差异。通过收集和整理东北、西北、华北等六大区域的工业用地地价水平，得到 2008~2020 年各区域工业用地地价水平的变化趋势（如图 2-5 和图 2-6所示）。

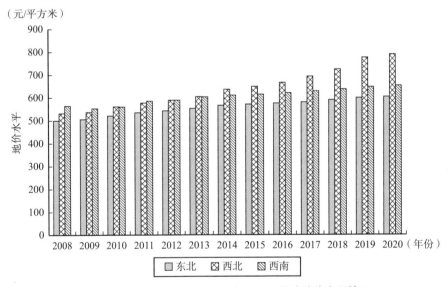

图 2-5　中国东北、西北、西南区工业用地地价水平情况

资料来源：中国城市地价动态监测网。

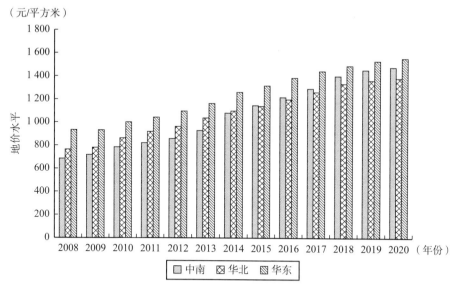

**图 2 - 6　中国中南、华北、华东区工业用地地价水平情况**

资料来源：中国城市地价动态监测网。

通过图 2 - 5 和图 2 - 6 可以看出，东北、西北、西南地区地价水平和地价变化趋势、幅度基本一致，华东区、华北区、中南区地价变化趋势和幅度大体相同，地价水平由高到低分别为华东区、华北区、中南区，并且整体显著高于东北、西北和西南区，高地价地区与低地价地区差值在 800 元/平方米以内。而相对于地区间经济发展不平衡带来的经济发展差距，工业地价的差值并没有与之相匹配，也就是说工业地价在经济发达地区与欠发达地区没有体现出合理的差值。

此外，本节还分析了中国重点区域工业用地价格水平（见图 2 - 7），可以看出，环渤海地区相对于长三角和珠三角，工业地价水平较低但整体上地价平稳，并且保持着较低的增长速度；长三角地区工业地价水平在 2005 年表现出下降状态，但在 2007 年开始平缓上升；珠三角地区自 2000 年以来工业地价水平呈现逐年上升的趋势，尤其是在 2014 年以来增长趋势明显，地价水平大幅超过环渤海地区和长三角地区。

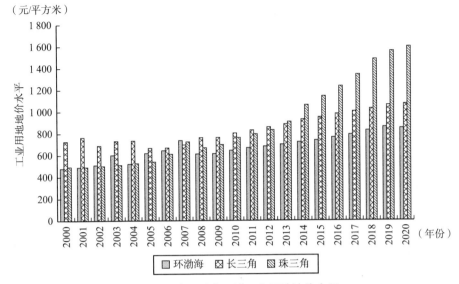

**图 2 - 7　中国重点区域工业用地地价水平**

资料来源：中国城市地价动态监测网。

　　通过对 2007 ~ 2020 年各地级市工业地价的变化趋势（见图 2 - 8）进行统计分析可以看出：整体上工业地价呈现逐年上升的趋势，且逐渐趋于稳定。分区域来看，东部地区的工业地价最高，明显高于全国工业地价平均值，而中部、西部和东北地区的工业地价均低于全国工业地价平均值，且西部地区的工业地价最低。

　　图 2 - 9 是 2008 ~ 2020 年各地级市工业用地地价水平变化趋势，可以看出：从增长趋势来看，东部地区的工业地价的增长率最高，明显高于其他地区，呈现稳定增长的趋势，尤其在 2013 ~ 2014 年，其增长幅度最大。这显然符合我国的实际情况，东部地区有着地理位置、经济水平、人口交通等方面的优势，其工业地价固然应该高于其他地区。其次是全国基准地价平均值，也有较大幅度的增长，而其他地区基准地价整体上增长幅度较小，且 2014 ~ 2020 年趋于稳定水平。

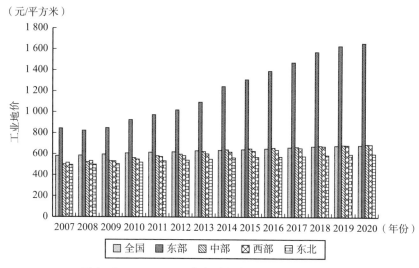

图 2 - 8　2007~2020 年各地级市工业用地地价水平

资料来源：中国城市地价动态监测网。

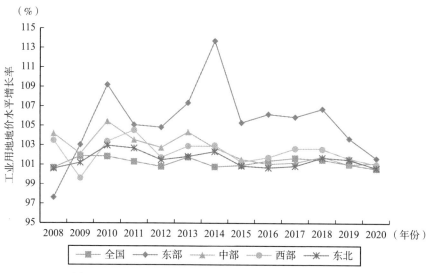

图 2 - 9　2008~2020 年各地级市工业用地地价变化趋势

资料来源：中国城市地价动态监测网。

# 第 3 章

# 相关理论基础与影响机理

## 3.1 相关理论基础

改革开放以来，我国已经基本实现产品市场化，然而要素市场化特别是土地要素市场化改革长期处于相对滞后状态。随着工业化进程的不断推进，土地价值日益显化，土地要素市场化改革提速势在必行，研判土地市场化改革的成效和所带来的一系列经济效应就显得至关重要。因此，其理论基础首先包括地价相关理论，以此来分析我国工业地价形成的影响要素；其次，需要相应的地方政府行为理论来分析土地市场化进程中政府应该扮演的角色；最后，需要区域经济增长理论和产业结构理论来解释我国土地市场化改革所带来的经济效应。基于此，本章将对相关的理论基础进行详细梳理，用以对后面的机制分析和实证研究结果进行相应的理论分析与验证。

### 3.1.1 工业地价相关理论

土地资源是具有自然和经济特征的特殊商品，决定了其特殊商品的本质，因此土地资源价格的形成与一般商品存在一定差异。土地资源的自然特征包括：位置固定性、有限的总体性和位置差异。土地资源的经济特征是基于其自然特征，是在人类利用土地资源的过程中产生的，包括：①土地资源供应稀缺。这不仅体现在土地资源供需矛盾上，也体现在土地资源固定位置和地理位置差异造成的区域和用地供给有限的情况。随着土地资源日益稀缺，出现了一系列土地经济问题。②土地资源边际报酬递减性。在技术水平一定的条件下，随着单位土地投入的要素增加，边际收益将会下降。③土地利用方向变更的困难性。由于固定土地上的自然条件限制，不同类型的土地生产条件存在较大差异性，并且在土地利用的过程中投入了大量的沉没成本。因此，当土地投入某种生产经营利用中，若改变原有用途下的土地利用方向，存在较大的困难性。④土地利用后果的社会性。土地是自然生态系统的重要组成部分，与其他自然因素紧密相连并相互作用。特定区域内的土地不合理利用，不仅会影响本地区的土地自然生态系统和经济效应，还会影响到相邻地区甚至整个国家和社会的资源生态系统和经济效益，从而产生较大的社会影响。

在土地资源特性的基础上，诞生了多元视角下的地价相关理论，共同组成了工业地价构成、影响因素计量与调控研究的理论基础。

（1）地租地价理论

地租地价理论是开展城市土地价格评估的重要基础，对于认识城市地价形成机制以及甄别地价影响因素等具有重要指导意义。对于中国的工业地价市场化改革而言，地租地价理论为工业用地的价值制定、供需矛盾调解、管理规范提供了理论依据。

①古典经济学地租理论。地租是土地经济学和城市经济学中重要的概念，古典政治经济学侧重于对地租的概念、来源和分类进行讨论。威廉·配第认为地租是生产过程中除资本和劳动投入以外的其他投入，同时定义了级差地租源于劳动生产率和市场距离的差异而导致的地租差。弗朗瓦斯·魁奈提出扣除生产和生活成本后的产业剩余就是地租。詹姆斯·安德森进一步发展了地租的内涵，指出地租来源于对土地的劳动产出所形成的超额利润，这为级差地租Ⅱ的发展奠定了基础。亚当·斯密对地租理论进行了更为详细的讨论，认为地租是一种垄断价格，来源于工人劳动、土地所有权和土地自然条件的

差异。大卫·李嘉图系统总结了地租理论，并建立了级差地租学说。他认为地租的存在必须有两个条件，即土地的有限性以及土地肥沃程度和位置上的差别。李嘉图的地租理论并没考虑到土地所有权的存在，从而否定了绝对地租。

②马克思地租理论。马克思在继承古典政治经济学地租理论的基础上，批判性地提出了马克思地租和地价理论，该理论由劳动价值论、生产价格论和剩余价值论组成。土地价格理论认为，土地作为一种特殊的商品，同样具有使用价值，并具有价格；土地可分为土地物质（资源）和土地资本（资产），土地物质是指未经人类活动加工过的自然土地资源，土地资本是指在人类的开发、改造和利用土地过程中所形成的土地的固定资产；而土地价格的实质是地租的资本化，土地价格由地租和土地资本的利率决定。马克思强调土地所有权并肯定了绝对地租、垄断地租的存在，认为绝对地租是土地所有权垄断的结果，而极差地租的实质就是等量资本或者劳动投入到等面积的土地上而导致不一致的产出，是资本主义经营垄断的结果。因此，不论是绝对地租还是级差地租，都与土地所有权相联系。

在土地私有制背景下，市场均衡下的地价等于地租的贴现值。我国作为一个发展中的社会主义国家，土地私有制已经不复存在，土地归属国家和集体垄断所有，但是依然存在土地转让行为，土地所有权和使用权相分离，土地使用者以支付"地租"的方式获得土地使用权。而且我国由城市土地空间位置的差别带来收益的差别，以及土地上的投资所带来的差别都是客观存在的。所以，不同土地的价格差异就可以用地租理论进行解释。

随着对地价理论研究的不断深入，诞生了现代西方经济学派的地价理论。它从市场经济体系下市场价格理论的基础上发展而来，特别注重从土地收益、土地供求和从城市成长过程、趋势等方面考察地价问题，主要包括土地收益理论和土地供求理论。

③土地收益理论。土地收益理论认为，土地资源所提供的收益是决定土地价格高低的根本因素，土地价格是土地收益即地租的资本化，这里的土地收益是指：正常情况下的土地收益，即在正常的年份具有正常的生产和管理

经营能力；处于最佳利用方向的土地收益，指的是评估土地价格时，应该将该宗地用于能够产生的最大收益用途；土地的纯收益，即土地总收益减去生产成本及一切费用。

④土地供求理论。基于经济学的思想，如果存在有效需求，价值就应该以价格的形式表现，土地供求理论认为土地价格的决定因素是土地资源的供给和需求，土地的效用、土地供给稀缺性和土地需求相互作用，形成了土地的价格，并且土地供给量越低时土地价格越高，土地需求量越高时土地价格越高。

（2）工业区位理论

18 世纪，一些古典经济学家提出区位论的思想，如在 R. 坎特龙于 1755 年发表的著作中和亚当·斯密于 1776 年发表的著作中，都论述过运费、距离、原料等对工业区位的影响。19 世纪末，近代工业快速发展，农村人口或产业人口大规模地向城市集聚的现象凸显。在此背景下，德国经济学家韦伯第一次引入了"区位因素"的概念，从经济区位角度阐释了资本、人口向大城市集中的空间机制，并开创了运费的区位多边形理论。他于 1909 年发表《工业区位论》，指出区位因子决定生产场所，将企业吸引到生产费用最小、节约费用最大的地点。但是韦伯的工业区位论是抽象的、孤立因素分析的静态区位论。1924 年，美国经济学家弗兰克·弗特尔提出的"贸易边界区位理论"认为，贸易区的边界是被该区产品的单位生产成本和单位运输成本之和决定的。随后，瑞典经济学家俄林在其《贸易理论》和《区际贸易和国际贸易》等著作中开始讨论整个工业布局问题。这些理论探讨的中心问题都是如何以最低成本和最大利润为原则进行厂址选择。

由于土地租金的存在，工业行业也有类似于杜能圈的土地利用圈层结构。由城市外围到市中心，工业结构随着地价由低及高形成相应的圈层结构分布。越是靠近市中心，地租越是昂贵，只有附加值高的企业才能在此投资生产，而生产能力较弱的企业只能向外迁移降低成本。当考虑城市内三次产业的分布时，由市中心到外围，逐渐是服务业→工业→农业。不同产业类型间用地存在竞争，尤其是处于如图 3－1（b）中 A 点的边界地带，用地类型转换的存在诱发了生产者的投机心理，利用土地套利。形成类似逆杜能圈的情况，此时，生产者不愿在土地上投入大量的资金或劳动，而在期待土地转换过程中获取收益，使生产经营趋于粗放。圈层结构图的分析印证了后文理论模型的推导，在一定范围内，工业用地价格的升高有利于工业结构的优化升级，但过高的地价有可能促使生产者产生投机心理，反而不利于工业行业发展。

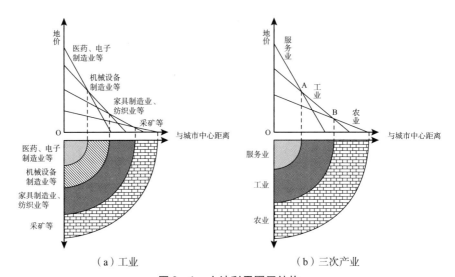

图 3-1　土地利用圈层结构

城市土地利用结构是反映城市各种活动空间分布特征的重要标志，在城市中，任何种类的土地使用者都想选择能够获得最佳利益和效率的土地区位，因而企业活动总是倾向于布置在能够取得最大经济效益的区位。最理想的状态是各种用地类型在地租与地价的调节下按区位布局，各得其所，形成效益最佳的城市用地形态，进而从城市的区位结构扩大影响整个国家的产业结构区位分布。土地价格构成了企业要素成本的重要部分，在企业迁移决策过程中，一方面起到推动作用，即本地区土地价格上升超出了企业付租能力边界，企业迁出；另一方面是拉力作用，即迁移地区土地价格使企业处于付租能力边界范围内。中国在进行空间规划的过程中，商业区、住宅区和工业区的土地是基于政府的土地利用规划,其空间布局、价格构成、面积大小基本是遵循区位理论,但是中国政府特有的政治体系,政府可以通过土地空间规划的调控,改变城市功能区分布,调整土地价格。

## 3.1.2 地方政府行为相关理论

基于我国特殊的土地制度和行政体制,土地是政府调控宏观经济的重要着力点,它不仅是地方政府招商引资的抓手,也是政府投资基础设施建设的重要资金来源,从而地方政府的行为偏好会影响土地市场的发展、完善。

1993 年 12 月 15 日国务院发布《关于实行分税制财政管理体制的决定》,从 1994 年 1 月 1 日起改革现行地方财政包干体制,对各省、自治区、直辖市以及计划单列市实行分税制财政管理体制。规定中央与地方事权和支出的划分,并根据事权与财权相结合的原则,按税种划分为中央固定收入、地方固定收入、中央与地方共享收入。其中,营业税、地方企业所得税、房产税和土地增值税、耕地占用税、国有土地有偿使用收入等土地收入归地方政府所有;增值税由中央政府和地方政府共享。在这种财政分权体制下,地方政府秉承"对上负责"的原则,承担着每年向中央政府上缴税款的压力;与此同时,由于中国目前税制结构表现为以增值税等货物与劳务税为主,即使企业利润不高,只要有源源不断的投资行为,增值税收入会持续快速增长,这使财政分权制度下的政绩考核更注重引资的过程,而非引资后企业的生产效率和盈利能力。因此,招商引资是提高 GDP 增长率、扩大税收的最有效路径。

在这样的制度框架下,地方政府可能会利用其掌握的土地资源与其他地区进行引资竞争。由于土地使用权出让收入为一次性收入,而增值税占到地方税收的近一半且其征收主要依赖于工业部门,基于对流动性税基的争取,在改革前的土地协议出让阶段,地方政府倾向用工业用地来招商引资。出让工业用地不仅可以为政府带来一定出让金,还可以在未来向政府提供长远的税收支付,补充财政缺口(邵源,2010;赵文哲、杨继东,2015)。

### 3.1.3　产业结构理论

产业结构理论是指，在社会再生产过程中，一个国家或地区的产业组成即资源在产业间配置状态，产业发展水平即各产业所占比重，以及产业间的技术经济联系即产业间相互依存相互作用的方式。产业结构理论的思想源头可以追溯到17世纪，威廉·配第第一次发现了造成世界各国国民收入水平的差异和经济发展的不同阶段的关键原因是产业结构的不同。而霍夫曼对工业结构演变规律做了开拓性的研究，提出霍夫曼定理，其内容是：在工业化进程中霍夫曼比例（消费资料工业的净产值和资本资料工业的净产值比）是不断下降的。

工业是一国经济发展的重要组成，代表着一个国家的科技发展水平和综合实力。工业结构一般是指工业的部门组成及再生产过程中一切部门间的技术经济联系，其结构变动意味着一国工业主导产业的更迭及部门间技术经济联系的变化。一般情况下，为保持与科技发展、经济增长、环境保护、资源节约的一致性，工业结构会在不同发展阶段进行相应的调整，称之为"工业结构优化"。工业结构优化具有两个层面的含义，一是工业结构合理化，一是工业结构高级化。工业结构合理化强调协调发展，各部门保持符合工业发展规律及内在联系的比率。工业结构高级化则强调技术进步，各部门增长质量和生产率不断向更高层级演进。工业结构优化有利于提高效率，减少资源消耗和环境污染，其最终目标是为了实现最优的投入产出比，获取最大的经济效益。

### 3.1.4　区域经济增长理论

（1）区域经济增长因素

区域经济增长受很多因素共同影响，是一个相互作用的过程。经济学主要研究资本、劳动力、资源、制度、政策、行为等因素对区域经济增长的作用。而经济地理学则考察自然、经济、社会、地理位置等因素对区域经济增长的作用。从资源配置层面,可以将区域经济增长的影响因素分为资源禀赋、资源配置能力、区位条件和外部环境四个方面。

其中,资源禀赋是区域经济增长的基础。区域经济增长所需的资源可分为由土地资源、生物资源、水资源、风景资源等组成的自然资源和由劳动力、人口、资金、技术、社会环境构成的经济社会资源两大类。自然资源和经济社会资源共同形成了区域经济增长的资源基础。其中,自然资源是区域经济增长的基本条件,区域内自然资源的禀赋直接影响着区域经济活动的类别、规模与效益。

资源禀赋是区域经济增长的基本条件,而区域的资源配置能力决定了区域资源配置效率的高低,以及如何将各种资源合理配置并转化为经济增长。经济体制、政府的经济管理能力、企业的组织水平和经济结构等因素构成了地区的资源配置能力。区域经济结构决定了区域资源配置的基本模式,而经济结构的合理性与区域资源配置效率紧密相连。

（2）区域增长要素理论

区域经济增长的影响因素是多元化的,其中分析区域增长要素,是研究区域增长的起点（郝寿义、安虎森,2004）。基于要素性质、特征和作用差异性视角,可以将要素进行不同分类。①根据区域经济增长诸要素的性质、特征和作用的不同,将其分为"区域性因素"和"一般性因素"两类。一般性因素是国家和区域共有的增长因素,反映区域经济增长的共性特征;区域性因素是区域特有的增长因素,反映区域经济增长的个性特征。②可分为"供给侧要素""需求侧要素""作用于供、求方面的要素"三类（陈秀山、张可云,2003）。供给侧要素包括劳动、资本和土地等;需求面要素包括私人和公共的消费与投资需求;作用于供求方面的要素包括技术进步、空间布局、产业结构、基础设施建设、国家政策、法律、历史文化等。总之,区域经济增长要素可以概括为由劳动、资本、技术构成的生产要素,包括体制、法规、政策、道德、文化习俗等正式制度与非正式制度的制度要素,以及微观层次的企业组织结构、中观层次的产业结构、空间结构和劳动就业结构等结构要素（吴传清，2008）。

## 3.2 工业用地市场化改革的影响机理

### 3.2.1 对工业地价的影响机理

（1）直接影响分析

市场化改革明确规定工业用地必须采用招标、拍卖、挂牌方式出让，出让方式的转变首先会影响工业地价。其影响途径包括两方面：

①出让方式：工业用地出让有划拨、协议出让、招标、拍卖和挂牌这5种方式。市场化改革前，工业用地出让方式主要是划拨和协议出让，土地价格被低估，无法体现市场供需；改革后，主要通过招标、拍卖、挂牌三种市场化方式出让工业用地。因此随着工业用地改革不断深入，工业地价应该上涨，回归通过市场供需决定的真实价格。

②基准地价：作为土地价格中的一种，基准地价是土地出让的门槛价格，出让价格不能低于基准地价。基准地价体现了地方政府的供地意愿，具有显著的政策性质。基准地价是由地方政府根据本地区实际情况进行评估制定，原则上每三年更新一次，并根据市场变化适时进行调整。基准地价越低，地方招商引资的优势相对就越大。

整体而言，以市场化方式出让工业用地占比越大，工业地价将越高，地方制定的基准地价越高，工业地价也会随之升高。

（2）空间效应分析

在土地市场化出让的背景下，一方面，产业集聚水平的提高意味着该地区产业分布更密集，对工业用地的需求更大，进而会提高工业用地市场均衡价格，同时外围区域面积不断扩大，带动周边地价提高；另一方面，较高的中心地区地价，意味着部分企业考虑到外围地区劳动力成本、资源禀赋等区位因素进行产业转移，从而提高外围地区的土地需求，进而提高工业地价。因此，工业地价较高的地区，其外围地区的工业地价也会较高，即工业地价应该存在空间正相关性。具体的影响路径如图 3-2 所示。

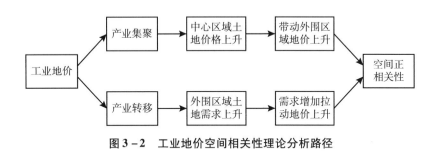

图 3-2　工业地价空间相关性理论分析路径

## 3.2.2　对土地资源配置效率的影响机理

工业用地市场化改革会从公平和效率两个维度对土地资源配置产生影响。为了便于理解市场化改革对于土地资源配置在企业间公平性的影响，本节借鉴田文佳等（2020）研究中所用模型，建立企业生产决策函数，观察其在改革过程中所受到的影响，阐述工业用地市场化改革对企业购地的影响机理。

企业面临的生产决策目标是利用最少的要素投入达到最大化产出，假设代表性工业企业在投资城市 $i$ 面临的生产函数为 $y_i = A_i f(\alpha_i k_i，\beta_i l_i，\lambda_i s_i)$，其中 $A_i$ 表示企业异质性的全要素生产率，$k$ 表示资本投入，$l$ 表示劳动力投入，$\alpha_i$、$\beta_i$ 分别表示 $k$、$l$ 要素的投入比例，$s$ 表示购地面积，$\lambda_i$ 表示单位面积土地的生产率；同时，假设要素价格外生给定，资本和劳动力在城市范围内是可以自由流动的。由于工业企业的生产往往存在固定的模式，这就使各要素之间更多地为互补关系，即满足固定配比。为简化分析，此处假设工业企业投资设厂最先考虑的是选址问题，故在资本、劳动和土地三要素中，企业首先考虑的是土地要素投入，因此企业最优产出决策所依据的生产函数便可简化为 $y_i = A_i \lambda_i s_i$。

需要注意的是，同一城市不同位置，地块价格以及产业集聚外部性的辐射影响水平也是存在显著差异的，这就使单位面积上土地的产出也会存在差异，直接体现便是单位面积上土地的生产率。为简化分析，这里假设该差异从城市中心到城市外围呈现线性递减的变化规律。此外，假设在城市 i 范围内单位面积上土地的平均产出为 $\bar{y}$，那么单位面积上土地的生产率 $\lambda_i = \bar{y}d_i^{-\theta}$，其中 $d_i$ 表示地块距该城市中心位置的距离，其参数满足 $\theta > 0$。基于此，企业在城市 i 最优的产出决策函数可以改写为 $y_i = A_i\bar{y}d_i^{-\theta}s_i$。

从该式可以看出，在其他条件不变的情况下（即不考虑技术进步），企业在进行购地决策时将会优先考虑地块所在位置和面积大小，以实现产出的最大化。由此，分别对这两个变量求一阶导数可以得到：

$$\frac{\partial y_i}{\partial d_i} = -\theta A_i\bar{y}d_i^{-\theta-1}s_i < 0 \tag{3.1}$$

$$\frac{\partial y_i}{\partial s_i} = A_i\bar{y}d_i^{-\theta} > 0 \tag{3.2}$$

由式（3.1）可以发现，在其他条件保持不变的情况下，地块距离市中心越远，则企业此时的产出就会越小。那么，理性的企业在选址购地时，为了实现产出最大化，将会倾向于选择相对靠近市中心的地块，即企业进行设厂生产时对区位存在明显的偏好，希望获得靠近市中心位置的地块。同理，由式（3.2）可以发现，在其他条件保持不变的情况下，地块面积越大，则企业此时的产出就会越大。在最大化产出的目标下，企业会选择面积相对较大的地块，即企业进行设厂对地块面积大小同样存在明显的偏好，希望获得大面积的地块。原因可能是这样既达到了目前生产的目的，也能满足后续发展的用地需求。

而工业用地市场化改革全面开展之后，带来的直接影响便是之前被低估的地价得以回归上涨，而地价上涨将使企业用地成本提高，在其他条件不变的情况下，企业会通过提高全要素生产率以减轻成本带来的生产压力（席强敏、梅林，2019；田文佳等，2020；严思齐等，2018），所以为了衡量改革所造成的这一影响，需要将地价因素引入模型中。

假设此时企业异质性的全要素生产率 $A_i = I(\xi_i)$，其中 $\xi_i$ 表示地价水平，

而 $I'(\xi_i)$ 衡量土地要素市场化导致的土地价格上涨对企业全要素生产率影响的边际效应，且满足 $I'(\xi_i) > 0$。故企业在城市 $i$ 最优的产出决策函数可以更进一步改写为 $y_i = I(\xi_i)\bar{y}d_i^{-\theta}s_i$。需要注意的是，此处并没有考虑改革的累积效应，但市场化改革是逐步深入进行的，这就使市场化改革效果的显现也是存在累积影响的。为此，假设城市 $i$ 第 $t$ 年的工业用地价格为 $\xi_{it}$，则在第 $k$ 年（$K \geq t$）时，企业的全要素生产率将变为 $I_k(\xi_{it})$。假设每年出让的工业用地面积为 $s_{it}$，并令 $y_{ik}(s_{it})$ 表示城市 $i$ 第 $t$ 年出让面积为 $s_{it}$ 时，企业在第 $k$ 年时的产出，则最终可以得到在第 $k$ 年时，该企业在城市 $i$ 累计总产出 $Y_{ik}$ 的表达式为：

$$Y_{ik} = \sum_{t=0}^{k} y_{ik}(s_{it}) = \sum_{t=0}^{k} I_k(\xi_{it})\bar{y}d_i^{-\theta}s_{it} \tag{3.3}$$

考虑到现实中每个城市并不是每年都有土地出让，同时也可能不只一年有土地出让，在这种情况下，难以剥离出已出让土地对之后每一年的动态影响。为了更好地解决这一问题，需要依据下面的式（3.4）对式（3.3）做进一步处理：

$$\bar{I}_k(\bar{\xi}_{ik}) = \sum_{t=0}^{k} \frac{s_{it}}{S_{ik}}I_k(\xi_{it}) \tag{3.4}$$

其中，$\bar{I}_k(\bar{\xi}_{ik})$ 衡量的是土地要素市场化改革的累积影响，$S_{ik}$ 表示在 $k$ 年内城市 $i$ 总的出让土地面积数。通过这样的处理，能够较为准确地衡量工业用地市场化改革逐渐增强的长期影响。进一步将式（3.4）代入式（3.3）得到：

$$Y_{ik} = \bar{I}_k(\bar{\xi}_{ik})S_{ik}\bar{y}d_i^{-\theta} \tag{3.5}$$

对式（3.5）进行一阶求导，可以得到：

$$\frac{\partial Y_{ik}}{\partial d_i} = -\theta\bar{I}_k(\bar{\xi}_{ik})S_{ik}\bar{y}d_i^{-\theta-1} < 0 \tag{3.6}$$

$$\frac{\partial Y_{ik}}{\partial S_{ik}} = \bar{I}_k(\bar{\xi}_{ik})\bar{y}d_i^{-\theta} > 0 \tag{3.7}$$

可见式（3.6）和式（3.7）仍然满足式（3.1）和式（3.2）的具体含义，即地块距市中心越近，或地块面积越大，企业产出则越多。但这里关注的是改革进程中累积效果造成的具体影响所存在的差异，所以需要比较式（3.1）和式（3.6）、式（3.2）和式（3.7）的大小关系。首先，由于随着改革推进，工业用地价格逐渐上涨，致使地价成本抬升对企业生产率的累计倒逼作用会越来越强，故 $A_i < \bar{I}_k (\bar{\xi}_{ik})$，因此对比式（3.1）和式（3.6）可以发现，式（3.6）数值更小。这说明随着改革的不断深入进行，地块距市中心距离这一指标对代表性企业产出的边际作用不断增强。由此，相较于市场化改革前，理性的企业在选址时对于地块所在位置也会更加关注，表现为对距离市中心地块的投资偏好更强。此外，对比式（3.2）和式（3.7）可以发现，式（3.7）数值更大，说明随着改革的推进，地块面积指标对产出的边际作用也在不断增强，进而理性的企业在选址时也会更加关注地块面积大小，表现为对大面积地块的购入偏好更强烈，以满足自身生产需要和长远发展规划。

由上述推导可得，在市场化改革背景之下，企业将更大程度地根据地块的优劣情况决定购地行为，这一愿望的实现需要市场化改革为企业提供更加公平的购地空间。

首先，土地市场化改革会增强各类企业获得优质土地资源的可能性，从而提高土地资源配置的公平性。就我国国情而言，改革开放前，国有企业占据完全的市场优势，在资源获取方面具有先天优势。在土地要素市场化改革前，土地是以划拨或协议方式出让给企业，国有企业更有可能获得优质地块。市场化改革后，除个别规定情况以外，所有工业用地必须采用招标、拍卖、挂牌三种市场化方式进行公开出让，这意味着各类企业都可以公平参与竞地，使优质地块资源在各所有制类型企业间配置的概率差异会减小。

此外，用地主体购地价格也是衡量土地资源配置公平性的体现。在市场化改革之前，一方面，工业地价被低估；另一方面，国有企业在购地中占有优势（赵文哲、杨继东，2015；杨广亮，2019）。这种现象与合理资源配置的要求是相违背的。而工业用地市场化改革目的之一也是要使土地价格回归其价值本身，公平透明的市场化要素配置方式能够有效削弱国有企业先前的优势，使土地价格扭曲现象得以改善。

### 3.2.3 对企业生产效率的影响机理

（1）对全要素生产率的总体影响

工业用地市场化改革冲击了工业企业的购地方式及购地成本，在价格机制的作用下，不断上涨的地价成本将促使土地资源的优化配置，进而实现企业全要素生产率的提升。

为说明工业用地市场化改革对企业生产效率的影响，本节借鉴李鲁等（2016）、梅利兹和奥塔维亚诺（Melitz & Ottaviano，2008）的研究框架，构建异质性企业生产模型进行说明。假设某行业 I 中存在 N 个企业，每个企业的生产要素投入包括土地要素和劳动力要素，且只生产一种差异化商品 $q_i (q_i > 0)$。

首先，根据梅利兹和奥塔维亚诺（2008）的设定，假设代表性消费者的效用函数及约束条件为：

$$U = q_0 + \alpha \int_{i \in \Omega} q_i di - \frac{1}{2} \eta \left( \int_{i \in \Omega} q_i di \right)^2 - \frac{1}{2} \gamma \int_{i \in \Omega} q_i^2 di \qquad (3.8)$$

$$s.t \quad q_0 + \int_{i \in \Omega} p_i q_i di = E \qquad (3.9)$$

其中，$q_0 (q_0 > 0)$ 为消费者对同质商品（计价商品）的消费量，$q_i$ 为消费者对第 i 类异质性商品的消费量，$\alpha$ 和 $\eta (\alpha > 0, \eta > 0)$ 衡量计价商品与异质性商品之间的替代性，$\gamma (\gamma > 0)$ 则衡量异质性商品之间的替代性。

假定消费者的边际效用均有界，则在消费者效用最大化的目标下，商品消费量 $q_i$ 为：

$$q_i = \frac{1}{\gamma} \left( \alpha - p_i - \eta \int_{i \in \Omega} q_i di \right) \qquad (3.10)$$

由于 $N = \int_{i \in \Omega} di$，对式（3.10）两边同时取积分可得：

$$\int_{i \in \Omega} q_i di = \frac{1}{(\gamma + N\eta)} \left( \alpha N - \int_{i \in \Omega} p_i di \right) \qquad (3.11)$$

将式（3.11）代入式（3.10）可得：

$$q_i = \frac{\alpha}{\gamma + N\eta} - \frac{p_i}{\gamma} + \frac{\eta}{\gamma(\gamma + N\eta)} \int_{i \in \Omega} p_i \, di \tag{3.12}$$

设商品的平均价格水平为 $\bar{P} = \frac{1}{N} \int_{i \in \Omega} p_i \, di$，则商品消费量可以进一步表示为：

$$q_i = \frac{\alpha}{\gamma + N\eta} - \frac{p_i}{\gamma} + \frac{\eta N}{\gamma \ (\gamma + N\eta)} \bar{P} \tag{3.13}$$

其次，考察企业的生产行为。企业的生产成本由两部分构成：一是购买土地所带来的固定成本，表示为 $f_{land}$；二是生产过程中投入的劳动力带来的可变成本。借鉴梅利兹和奥塔维亚诺（2008）的做法，将企业的可变生产成本用含生产效率 $A_i$ 的函数表示，并假定企业劳动力工资水平为 1，则企业的总成本函数可以表示为：

$$C = f_{land} + \frac{q_i}{A_i} \tag{3.14}$$

由此，可以得到企业的利润函数为（为简化书写，下面的式子中省略下标 i）：

$$\prod = p \times q - \left( f_{land} + \frac{q}{A} \right) \tag{3.15}$$

结合式（3.13），可以得到：

$$q = \frac{1}{2\gamma} \left[ \frac{\alpha\gamma}{(\gamma + N\eta)} + \frac{\eta N}{(\gamma + N\eta)} \bar{P} - \frac{1}{A} \right] \tag{3.16}$$

$$\prod = \frac{1}{4\gamma} \left( \frac{\alpha\gamma}{(\gamma + N\eta)} + \frac{\eta N}{(\gamma + N\eta)} \bar{P} - \frac{1}{A} \right)^2 - f_{land} \tag{3.17}$$

由于企业的边际成本为 $MC = \frac{\partial C}{\partial q} = \frac{1}{A}$，则企业利润为 0 时的临界边际成本 $C^*$ 可以表达为：

$$C^* = \frac{1}{A^*} = \frac{\alpha\gamma}{(\gamma + N\eta)} + \frac{\eta N}{(\gamma + N\eta)} \bar{P} - 2 \sqrt{\gamma f_{land}} \tag{3.18}$$

由此，利润函数式可以进一步表示为：

$$\prod = \frac{1}{4\gamma} \left( C^* + 2 \sqrt{\gamma f_{land}} - \frac{1}{A} \right)^2 - f_{land} \tag{3.19}$$

最后，考察市场均衡条件。本章借鉴李鲁等（2016）的设定，以企业的自由进入定义市场的局部均衡条件，假定市场上存在着众多潜在进入企业，在进入市场之前，潜在进入企业需要花费一定的沉没成本 m 考察市场来获取对生产要素价格以及生产效率的信息。而在花费沉没成本 m 后，潜在进入企业成功进入市场，其生产效率 A 是随机的，服从概率密度函数 f(A)，且其分布区间为 $[\underline{A}, \bar{A}]$。潜在进入企业在观察到自身的生产效率 A 后，决定是否退出市场，若退出市场，则企业将损失沉没成本 m。由此，企业的期望利润可以表示为：

$$V^e = \int_{\underline{A}}^{\bar{A}} \left[ \frac{1}{4\gamma} \left( C^* + 2\sqrt{\gamma f_{land}} - \frac{1}{A} \right)^2 - f_{land} \right] f(A) \, dA - m \quad (3.20)$$

理性企业只有在自身边际成本低于临界边际成本时，才能获得正利润，进而选择进入市场，因此企业生产效率的最低值 $\underline{A}$ 满足 $\underline{A} > A^* = \frac{1}{C^*}$。在市场达到均衡状态时，企业可以自由进入市场，此时需要其期望利润满足：

$$V^e = \int_{\underline{A}}^{\bar{A}} \left[ \frac{1}{4\gamma} \left( C^* + 2\sqrt{\gamma f_{land}} - \frac{1}{A} \right)^2 - f_{land} \right] f(A) \, dA - m = 0 \quad (3.21)$$

基于上述市场局部均衡条件，结合式 $\underline{A} > A^* = \frac{1}{C^*}$，可以得到：

$$\frac{\partial V^e}{\partial f_{land}} = \int_{\underline{A}}^{\bar{A}} \left[ \frac{1}{2\gamma} \left( C^* + 2\sqrt{\gamma f_{land}} - \frac{1}{A} \right) \times \sqrt{\frac{\gamma}{f_{land}}} - 1 \right] f(A) \, dA > 0 \quad (3.22)$$

$$\frac{\partial V^e}{\partial C^*} = \int_{\underline{A}}^{\bar{A}} \frac{1}{2\gamma} \left( C^* + 2\sqrt{\gamma f_{land}} - \frac{1}{A} \right) f(A) \, dA > 0 \quad (3.23)$$

由隐函数定理可得：$\dfrac{dC^*}{df_{land}} = -\dfrac{\partial V^e / \partial f_{land}}{\partial V^e / \partial C^*} < 0$，由于企业的生产效率与边际成本之间为反比关系，因此可以得到：

$$\frac{dA^*}{df_{land}} > 0 \quad (3.24)$$

由此可知，企业购地成本 $f_{land}$ 和企业临界生产效率 $A^*$ 呈同方向变动。随着工业用地市场化改革的推进，企业用地成本大幅提升，这将带来临界生产率 $A^*$ 的显著提升。而生产率临界值的增加将通过选择机制，使较低效率企业退出市场，由此，企业整体的生产效率得以提升。

接下来，具体分析工业用地市场化改革对企业全要素生产率的影响机制。图3-3展示了工业用地市场化改革影响全要素生产率的主要机制。一般情况下，全要素生产率的增长主要来自技术效率改善及技术进步变化两个途径（程惠芳、陆嘉俊，2014）。其中，技术效率变化主要反映企业要素利用水平、资源配置状况、规模集聚情况等的变化对全要素生产率的影响，而技术进步变化则主要反映企业研发投入、技术创新、工艺改进对全要素生产率的影响。聚焦于工业用地市场化改革的影响效应，本书认为其主要通过资源利用效率机制、竞争机制改善技术效率，通过技术创新机制促进技术进步，最终实现促进全要素生产率提升的目的。

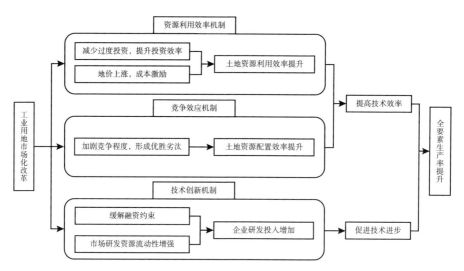

图3-3　工业用地市场化改革对企业全要素生产率的影响机制

（2）资源利用效率机制

资源利用效率机制主要反映了工业用地市场化改革对企业内部资源利用的影响。工业用地市场化改革带来的首要影响便是改善了土地出让机制，一方面极大地减少了土地干预行为，降低了企业的过度投资现象，提高投资效率；另一方面则通过土地价值的逐步显化，在价格机制的作用下激励企业进行土地资源的整合和集约利用，提升要素利用效率。在上述两方面的共同作用下，企业将提高对土地资源的利用效率，从而实现自身生产效率的提升。

具体来讲，在市场化改革之前，地方政府往往基于"以地引资"的动机，将工业用地的价格补贴作为吸引企业投资的重要工具，导致工业用地价格处于扭曲状态（Huang & Du，2017；Lu & Wang，2020）。这为企业创造了大量利润差额，促使许多不满足生产条件的企业也纷纷想进驻工业行业，进而导致企业过度投资的问题十分严重，不利于后续的生产经营。也不利于工业企业生产率的提升（黄健柏等，2015）。

在市场化改革的背景下，协议出让行为被严格把控，工业用地需要通过招标、拍卖、挂牌三种方式进行出让，这将作用于企业购地环节及用地环节，推动企业全要素生产率的提升。首先，在企业的购地环节，地价补贴行为大量减少，这将直接抑制企业的过度投资现象，改善土地利用效率。其次，在企业的用地环节，不断攀升的工业地价将直接抬升企业用地成本，在成本侧激励企业寻找成本较低的要素实现对土地要素的替代（赵爱栋等，2016），例如投入更多的劳动力要素或资本要素以实现更高的产出水平，企业不仅实现了现有土地资源的集约利用，还达到了工业效率提升的目的。此外，市场机制的不断完善能够促使信息自由流动，带来信息获取成本的降低，工业企业则可以利用有效的市场机制与价格机制，捕捉投资机会，评估投资的未来收益，进而提升企业的投资效率（张莉等，2019a）。如果企业在获取土地资源后，能够更有效率地进行投资，那么土地要素的边际回报率则较高，其对于生产效率的边际作用也会进一步增强。

（3）竞争效应机制

从竞争效应视角，市场机制所带来的供求关系、价格上涨以及生产要素在市场中的流动等市场活动的有机联系，则将进一步通过竞争机制引导资源逐步实现企业间土地资源配置的帕累托最优（杨红梅等，2011）。

前期研究表明，土地市场化改革能够为更多类型企业提供购地的机会。在市场化改革之前，拿到优质地块的企业往往是资金充裕的大企业，中小企业有时并不能拿到所需要的地块。而在市场化改革后，各类型企业公平竞争，企业出价成为最终的评选指标，这无疑将增加企业间的竞争程度。与此同时，伴随着工业化进程的加快和政府供地行为的改变，工业用地供给不足，企业用地需求又不断增加，这在提升企业用地成本的同时，进一步加剧了企业间的竞争效应。

企业间激烈的竞争会带来两方面的影响：一方面，在短期内，用地成本的上升为企业带来较大的资金压力和生产成本压力，导致在位企业获取必要生产地块的难度大大增加，这将降低企业的生产效率；另一方面，若此竞争效应在企业间形成了优胜劣汰机制，则会促进土地资源的合理配置，使那些无法承受高成本和高竞争强度的低效率企业选择退出市场，最终有限的土地资源将被配置给高效率企业（黄金升等，2017）。由此，企业间土地资源配置效率得到改善，这将有利于进一步发挥高效率企业的技术溢出效应，提升整体企业的生产效率。

（4）技术创新机制

资源利用效率机制和竞争效应机制分别从企业内部土地资源的利用效率以及企业间土地资源的优化配置两个方面，探讨工业用地市场化改革通过提升技术效率进而影响全要素生产率的路径机制。除技术效率外，技术进步则是企业实现长期生产效率提升的重要途径（Massell，1961）。

首先，地价的上涨将缓解融资约束，激励企业增加研发投入。由于企业的创新活动具有投入大、周期长、风险高的特点（卞元超、白俊红，2017），政策对技术创新行为的激励效果往往存在较长的时滞性。市场化改革带来的地价上涨，在短期内会促使企业调整要素结构，实现其他生产要素对土地要素的替代，而长期来看，在竞争效应的作用下，在位企业的土地利用效率及生产效率均处于中上水平，此时技术创新成果便是企业形成稀缺性竞争优势的重要抓手。成本侧压力及市场竞争将激励企业增加研发投入，进行技术创新，提升生产效率，以免丧失现有的市场份额（杨先明、李波，2018）。与此同时，企业用地成本的上升会提升企业土地的抵押价值，进而能够通过土地融资缓解企业融资约束，促使企业能够将更多的资金用于研发投入，通过技术创新提升生产效率（徐升艳等，2018）。

其次，市场研发资源流动性的增强也有利于企业增加研发投入。土地市场化改革极大地规范了土地出让行为，减少寻租活动和土地违法行为的发生，为企业提供公开的购地环境（Chen et al.，2015）。而公开的市场环境一方面将促进研发资源在市场中的流动，提升市场吸纳研发资源的能力，进而实现生产率的提升；另一方面将提升企业家的研发意识，促使其增加研发投入比例以稳固市场。

### 3.2.4　对市场主体决策的影响机理

相较于非市场化出让方式，市场化出让将竞争机制引入土地交易过程中，使之前被低估的工业用地价格升高，能够体现真实的市场供需状态，实现要素的合理配置（屠帆等，2017）。

此外，根据要素配置理论，市场化方式竞地还有利于形成公开、公平、公正的竞地流程，遏制土地违法行为的发生，减少企业的寻租活动，为更多类型的企业提供竞地空间，从而使土地使用权转向以市场为导向的高效率企业中（徐升艳等，2018；陶坤玉等，2010）。由此可以推出，市场化出让方式提升了工业用地出让价格，增强了企业的竞地意愿。

# 第 4 章

# 工业用地价格扭曲的经济效应

上一章分析了工业用地市场化改革对工业地价、土地资源配置效应、企业生产效率以及市场主体行为等的影响机理。本章将重点分析工业用地市场化改革前，地方政府通过工业用地招商引资的经济效应，以此说明工业用地市场化改革的必要性。

## 4.1 变量与数据说明

### 4.1.1 变量说明

（1）被解释变量

关于招商引资效果，目前学术界尚未形成统一的度量标准，学者们一般是选择单一视角的经济指标衡量。本章从短期增长效应、长期增长效应两个维度，构建招商引资效果的度量指标。

①短期引资效果。包括 GDP 增长率（GDPgr）、外商投资（FDI）和地方财政收入（GovRe），这也是地方政府比较看重的。

②长期引资效果。本章选择产业专业化水平（IndL）、高新技术产业就业

比例（HTEmp）和第二产业产值占 GDP 比重（SEC）、第三产业产值占 GDP 比重（TER）作为度量长期经济影响的指标；选择工业固体废物排放量（SolidInd）以及工业 $SO_2$ 排放量（$So_2Ind$）作为度量环境影响的指标。一方面，长期中，影响区域经济发展的因素主要包括：地区生产专业化水平、高新产业发展以及第二、三产业发展等能够影响经济增长"质"的变化的因素。另一方面，也要考虑招商引资带来的环境影响和可持续发展能力。

（2）解释变量

工业地价扭曲程度（D_value）：本章采用工业用地地价水平与商服用地地价水平的偏离程度来衡量。商服用地市场化水平相对较高，能较好地反映其市场价值，而工业用地市场化改革之前，工业用地地价水平相较于商服用地地价水平要低很多，明显存在偏离，也就是说，工业用地地价水平越低，偏离市场价值越多。

（3）控制变量

结合被解释变量的设定，本章控制变量也分别从短期增长效应和长期增长效应两方面分别选取控制变量。

①检验短期引资效果：包括地区经济发展水平（PGDP）、产业结构（IndStr）、劳动力结构（LABst）、劳动力成本（LABCo）、知识水平（KNOle）、投资水平（INVE）等指标。经济相对发达的地区，产业结构高级化水平更高，市场更加具有活力，企业对于土地的竞争性更强；人力资本是经济发展中的关键活跃要素，一个地区的受高等教育的人数，决定了该区域人力资源的丰富程度，是企业入驻考虑的重要因素，进一步地，知识水平会影响区域的投资水平，这些因素都是影响区域短期经济增长的重要指标。

②检验长期引资效果：包括地区经济发展水平（PGDP）、产业结构（IndStr）、劳动力结构（LABst）、劳动力成本（LABCo）、知识水平（KNOle）、投资水平（INVE）等影响短期增长效应的控制变量，以及交通运输条件（TraCo）、对外开放程度（FDI/FAI）、环境治理强度（pollcon）等变量。企业选址既要考虑到当地劳动力成本，也需要注重当地的运输条件；对外开放程度高的地区，与外部区域之间的生产要素流动性更强，外商投资可

能会带来一些环境不友好产业，产生"环境污染避难所"的风险，从而影响地区环境污染水平，环境污染治理强度可以反映出地方政府对于环境污染的容忍度以及监管力度。

相关变量及指标说明如表 4 – 1 所示。

表 4 – 1　　　　　　　　　　变量及指标说明

| 变量类型 | | | 变量名称 | 变量定义或指标算法 |
|---|---|---|---|---|
| 因变量 | 短期检验 | | 经济增长 GDPgr | 地方 GDP 增长率 |
| | | | 外商投资 FDI | 当年实际使用外资金额 |
| | | | 财政收入 GovRe | 地方政府一般预算内收入 |
| | 长期检验 | 经济指标 | 高新产业发展水平 HTEmp | 从事科研、信息技术、金融业的就业人数占就业总人数比重 |
| | | | 地区生产专业化水平 IndL | 区位商：城市工业产值占比与全国工业产值占比的比值 |
| | | | 第二产业发展水平 SEC | 第二产业增加值占 GDP 比重 |
| | | | 第三产业发展水平 TER | 第三产业增加值占 GDP 比重 |
| | | 环境指标 | 工业二氧化硫 $So_2Ind$ | 单位工业产值二氧化硫排放量 |
| | | | 工业固废 SolidInd | 单位工业产值固体废物排放量 |
| 自变量 | | | 工业地价扭曲程度 D_value | 城市商服用地价格水平减去工业用地价格水平 |
| 控制变量 | | | 地区经济发展水平 PGDP | 滞后两期人均 GDP |
| | | | 知识水平 KNOle | 普通本科在校人数 |
| | | | 产业结构 IndStr | 第二、三产业产值增加值占 GDP 比重 |
| | | | 劳动力结构 LABst | 第二、三产业就业人数增长率 |
| | | | 投资水平 INVE | 固定资产投资增长率 |
| | | | 对外开放程度 FDI/FAI | 外商直接投资占固定资产投资比重 |
| | | | 劳动力成本 LABCo | 在岗职工平均工资 |
| | | | 交通运输条件 TraCo | 公路、铁路、空运货运总量 |
| | | | 环境治理强度 pollcon | 工业废气治理运行费用 |

## 4.1.2　数据说明

（1）数据来源：文中计算所用的相关地价信息，包括基准地价、标准宗地、商服用地地价水平、工业用地地价水平等，均来自中国城市地价动态监测网。经济指标数据、环境指标数据均来自《中国城市统计年鉴》及中国环境数据库。

（2）数据处理：样本选择了国土资源部监测地价的全国 105 个大中城市。收集整理 2003 ～ 2007 年商服用地地价水平与工业用地地价水平，并计算二者差值，得到全国 105 个大中城市 2003 ～ 2007 年工业地价水平的偏离程度，剔除异常值后保留 103 个样本。

# 4.2　模型设定

## 4.2.1　短期效应模型

本节通过考察地区经济增长、外商投资和地方政府财政收入三个指标与工业地价扭曲程度的关系来检验短期效应。由于被解释变量与解释变量散点图显示二者呈线性关系，并且豪斯曼检验 P 值严格小于 0.01，因此建立如下面板回归模型：

$$Y_{i,t} = \theta_0 + \theta_1 D\_value_{i,t} + \theta_2 \sum Control_{k,t} + \varepsilon_{i,t} \qquad (4.1)$$

$Y_{i,t}$ 依次为第 i 个城市在 t 年的 GDP 增长率 $GDPgr_{i,t}$、外商投资 $FDI_{i,t}$、政府财政收入 $GovRe_{i,t}$，$D\_value_{i,t}$ 表示商服用地地价水平与工业用地地价水平差值，$Control_{k,t}$ 为控制变量，包括地区经济发展水平（PGDP）、产业结构（IndStr）、投资水平（INVE）、劳动力结构（LABst）、劳动力成本（LABCo）、知识水平（KNOle）。

### 4.2.2 长期效应模型

除了短期效应之外，地价扭曲也会影响到区域经济的长期发展。区域经济长期增长，一方面要依靠产业结构的升级与优化，另一方面，区域生态环境对于经济持续增长具有重要作用。然而价格扭曲会导致土地要素的不合理配置，从而引发土地市场上的投机行为，导致土地资源利用效率下降、生态资源遭到破坏，从根本上影响产业结构优化升级和经济长期发展。因此，接下来通过分别构建经济和环境效应检验模型，验证长期经济效应。

（1）经济效应检验模型设定

通过检验地价水平的差值与地区工业产业专业化水平、高新技术产业发展之间、第二产业发展和第三产业发展之间的关系，进而分析工业用地价格扭曲的结构效应。同样，为了进一步增强结果的稳健性，在对当期地价水平差值回归的同时，还估计了地价水平差值对于产业发展的滞后效应。建立如下面板回归模型：

$$Y_{it} = \varphi_0 + \varphi_1 D\_value_{i,t} + \varphi_2 D\_value_{i,t-2} + \varphi_3 \sum Control_{k,t} + \varepsilon_{i,t} \quad (4.2)$$

$Y_{it}$ 分别依次代表产业专业化水平 $IndL_{i,t}$、高新产业发展水平 $HTEmp_{i,t}$；$D\_value_{i,t}$ 为当期商服用地地价水平和工业用地地价水平差值，$D\_value_{i,t-2}$ 为滞后两期商服用地地价水平和工业用地地价水平差值，$Control_{k,t}$ 为控制变量。由于豪斯曼检验 P 值均小于 0.01，因此本节选择固定效应模型回归。

（2）环境效应检验模型设定

通过检验地价水平的差值与单位工业产值下的工业固体废物排放量、工业 $SO_2$ 排放量以及工业废气排放量之间的关系，分析工业地价扭曲的环境效应。建立如下线性回归模型：

$$Y_{it} = \gamma_0 + \gamma_1 D\_value_{i,t} + \gamma_3 \sum Control_{k,t} + \varepsilon_{i,t} \quad (4.3)$$

$Y_{it}$ 分别依次代表单位工业产值的固体废物排放量 SolidInd、单位工业产值的工业 $SO_2$ 排放量 $So_2Ind$，$D\_value_{i,t}$ 为当期商服用地地价水平和工业用地地价水平差值，$Control_{k,t}$ 为控制变量。由于豪斯曼检验 P 值均小于 0.01，因此本节选择固定效应模型回归。

## 4.3　结果分析

### 4.3.1　短期效应结果分析

2003~2007 年，工业用地与商服用地价格水平差值与外商投资（FDI）、地方政府财政收入（GovRe）表现为正相关关系，分别在 10% 水平、1% 水平下显著；与经济增长（GDPgr）存在负相关关系，但不显著（见表 4-2）。这说明 2007 年工业用地市场化改革前，较低的工业地价在一定程度上能够正向影响招商效果，增加地方财政收入，但是对短期经济增长的作用效果不明显。

表 4-2　　　　　　　　　　　短期效应回归结果

| | 经济增长 GDPgr | 外商投资 FDI | 政府收入 GovRe |
|---|---|---|---|
| 地价水平差值 D_value$_{i,t}$ | -0.072<br>(-1.46) | 0.067 *<br>(1.83) | 0.172 ***<br>(7.51) |
| 人均 GDP PGDP$_{i,t}$ | 0.098<br>(0.75) | 0.585 ***<br>(7.45) | 0.142 ***<br>(2.75) |
| 产业结构 IndStr$_{i,t}$ | -0.007<br>(-0.18) | 0.023<br>(1.26) | 0.007<br>(0.55) |
| 固定资产投资 INVE$_{i,t}$ | 0.066 ***<br>(3.36) | 0.043 ***<br>(4.71) | |
| 劳动力结构 LABst$_{i,t}$ | 0.033<br>(0.26) | -0.002<br>(-0.03) | -0.015<br>(-0.38) |
| 劳动力成本 LABCo$_{i,t}$ | 0.264 ***<br>(4.32) | 0.041<br>(1.37) | 0.112 ***<br>(5.39) |

|  | 经济增长 GDPgr | 外商投资 FDI | 政府收入 GovRe |
|---|---|---|---|
| 知识水平 KNOle$_{i,t}$ | −0.026<br>(−1.09) | 0.066 ***<br>(3.72) | 0.054 ***<br>(4.86) |
|  |  |  | 0.002<br>(0.25) |
| _cons | 0.657 ***<br>(20.09) | −0.036<br>(−2.21) | −0.029 **<br>(−2.65) |
| obs | 515 | 515 | 515 |
| R$^2$ | 0.179 | 0.633 | 0.583 |

注：括号内是 t 值，*** 代表在 1% 水平上显著，** 代表在 5% 水平上显著，* 代表在 10% 水平上显著。

## 4.3.2 长期经济效应结果分析

根据表 4-3 可以看出，地价水平差值与产业专业化水平表现为 5% 显著水平的负相关关系，而滞后的地价水平差值与产业专业化水平呈现为显著的正相关关系。这说明在工业用地市场化改革及工业用地最低价标准实施之前，价格扭曲对于地区产业专业化水平并未产生完全的负效应，仅在当期表现为不利于产业专业化水平。

表 4-3 　　　　　　　　　　长期经济效应回归结果

|  | 产业专业化水平 IndL$_{i,t}$ | 高新产业发展水平 HTEmp$_{i,t}$ |
|---|---|---|
| 地价水平差值 D_value$_{i,t}$ | −0.967 **<br>(−2.22) | −0.041<br>(−0.32) |
| 滞后两期地价水平差值<br>D_value$_{i,t-2}$ | 1.409 ***<br>(2.72) | −0.197<br>(−1.01) |
| 劳动力成本 LABCo$_{i,t}$ | −1.316 ***<br>(−5.08) | 0.296 ***<br>(3.73) |

| | 产业专业化水平 $IndL_{i,t}$ | 高新产业发展水平 $HTEmp_{i,t}$ |
|---|---|---|
| 开放程度 FDI/FAI | 0. 279 \*\*\*<br>(2. 61) | − 0. 018<br>( − 0. 34) |
| 人均 GDP $PGDP_{i,t-2}$ | 3. 996 \*\*\*<br>(7. 12) | |
| 固定资产投资 $INVE_{i,t}$ | − 1. 023 \*\*\*<br>( − 4. 32) | |
| 交通运输条件 $TraCo_{i,t}$ | − 0. 424<br>( − 1. 34) | |
| 知识水平 $KNOle_{i,t-1}$ | | 0. 266 \*\*\*<br>(4. 53) |
| _cons | 0. 615 \*\*\*<br>(10. 09) | 0. 169 \*\*\*<br>(9. 97) |
| obs | 309 | 309 |
| $R^2$ | 0. 221 | 0. 320 |

注：括号内是 t 值，\*\*\* 代表在 1% 水平上显著，\*\* 代表在 5% 水平上显著，\* 代表在 10% 水平上显著。

　　工业用地价格扭曲与高新技术产业发展之间并未存在显著的统计关系，可能是由于早期我国高新技术产业发展水平本身还比较低，对高新技术产业发展的影响还未完全显现。

### 4.3.3　长期环境效应结果分析

　　根据表 4 − 4 的回归结果显示，工业用地与商服用地价格偏离（$D\_value_{i,t}$）分别与工业固体废物排放量（SolidInd）、工业 $SO_2$（$So_2Ind$）排放量之间呈现 5% 显著水平上的正相关关系，表明工业用地价格扭曲会加剧工业污染的排放，造成区域环境污染。相关研究也表明，在工业地价扭曲背景下实现的招商引资，多数引进的是生产能力较差、环境污染及耗能水平较高的企业（杨其静、卓品等, 2014; 卢建新、于路路等, 2017)。本文实证检验证明了工业用地价格扭曲会产生负面的环境效应, 影响引资效果及区域经济发展。控制变量污染治理投资 (pollcon) 系数在 1% 的水平显著为负, 表明地方政府对于环境监管力度的加强能够缓解这种引资带来的环境危害。

表 4 - 4                             长期环境效应回归结果

| | 固体废物 SolidInd$_{i,t}$ | 工业 SO$_2$ So$_2$Ind$_{i,t}$ |
|---|---|---|
| 地价水平差值 D_value$_{i,t}$ | 0.074 ** (2.34) | 0.091 ** (0.68) |
| 人均 GDP PGDP$_{i,t}$ | - 0.252 *** ( - 5.16) | - 0.460 *** ( - 7.17) |
| 产业结构 IndStr$_{i,t}$ | 0.222 *** (7.46) | 0.285 *** (9.25) |
| 外商投资水平 FDI$_{i,t}$ | 0.032 (1.06) | - 0.013 ( - 0.32) |
| 污染治理投资 pollcon$_{i,t}$ | - 0.146 *** ( - 4.88) | - 0.178 *** ( - 4.42) |
| _cons | 0.038 ** (2.26) | 0.043 *** (2.74) |
| obs | 1 040 | 1 040 |
| R$^2$ | 0.217 | 0.315 |

注: 括号内是 t 值, *** 代表在 1% 水平上显著, ** 代表在 5% 水平上显著, * 代表在 10% 水平上显著。

# 4.4　本章小结

本章基于前文的理论及现实分析, 利用 2003 ~ 2007 年国土资源部监测的 105 个大中城市工业用地价格及相关经济指标数据, 采用工业用地价格与商服用地价格差值来度量工业用地价格扭曲程度, 采用地区经济增长、外商投资及地方政府财政收入作为短期增长效应的衡量指标，采用产业专业化水平、高新产业发展水平作为长期经济增长效应的衡量指标，以及工业固体废物排放量等作为长期环境效应的衡量指标，检验工业地价扭曲对于区域经济短期增长及长期发展的影响。得出的主要结论如下：

（1）短期内，外商投资和政府财政收入均与地价水平差值呈现显著正相关关系，由此证明在短期内，较低的工业地价能够达到招商引资的效果，并且起到了扩大地方政府财政收入的作用。而 GDP 增长率与地价水平差值存在负相关关系但不显著，说明工业地价扭曲对短期经济增长产生的影响尚不明显。

（2）长期内，产业专业化水平与工业地价扭曲程度呈显著的负相关关系，高新产业发展水平与工业地价扭曲程度呈负向关系，但不显著；工业污染指标与工业地价扭曲程度表现为显著的正相关关系。这表明了工业用地的价格扭曲，不利于地区产业专业化和产业结构升级，并且会加剧环境污染。而产业结构优化升级及环境保护是影响经济长期增长的重要因素，也是实现经济高质量、可持续发展的重要途径，因此工业地价扭曲不利于经济长期增长。

综上所述，工业用地价格偏低虽然短期内在一定程度上促进了地区招商引资效果，但长期来看会对经济发展产生不利影响。因此，工业用地市场化改革的方向是正确的，将有助于土地资源要素的有效配置，保障区域经济的长期可持续发展。

# 第 5 章

# 工业用地市场化改革效果

## ——土地价格角度

价格作为市场最基本的信号，是评估市场化改革效果的首要指标。同时，从改革的效应传导过程来看，首先影响的也是土地价格。从理论分析可知，市场化改革有助于改善工业用地价格过低的现象，使其回归到由市场供需决定的真实价格。因此，本章基于 2007 ~ 2016 年全国 280 个地级市土地出让数据及社会经济数据，重点论述工业用地市场化改革对工业地价的影响。

## 5.1 变量与数据说明

### 5.1.1 变量说明

本章的因变量是工业地价，以各地级市的工业用地成交价格平均值来表示，采用中国土地市场网各地级市的工业用地成交数据进行处理计算得到。

自变量，即市场化出让方式。为了衡量工业用地市场化出让程度，以招标、拍卖、挂牌方式出让工业用地面积占总出让工业用地面积的比例进行核算。

在控制变量的选取上，本节结合已有研究，主要从地方政府供地意愿、城市规模、经济环境和外部环境四方面进行考虑，并根据理论分析以及数据特征，选取以下经济指标作为控制变量：基准地价，由地方政府评估制定，具有显著的政策性性质，在较大程度上体现了地方政府的供地意愿；人口密度和劳动力反映了该地区的人口密集度以及劳动力供应情况，体现了城市规模的大小；人均生产总值和外商直接投资这两者代表地区经济环境。在外部环境指标的选取上，本节确定了交通条件、产业集聚和产业结构这三个指标，交通条件体现了交通基础设施的完善程度，产业集聚反映当地产业发展的集聚程度，产业结构则是产业转型升级的重要指标。具体的指标设定如表 5 - 1 所示。

表 5 - 1　　　　　　　　　　变量定义及说明

| 变量类别 | 变量名称 | 变量说明 |
|---|---|---|
| 因变量 | 工业地价（lnPRICE） | 以工业用地成交价格来表示，即每年地级市的工业用地成交价格的平均值，以 2007 年为基期利用 CPI 平减，并取对数 |
| 核心自变量 | 市场化出让方式（GOVLS） | 以招标、拍卖、挂牌方式出让工业用地面积之和占工业用地总出让面积的比例 |
| 控制变量（供地意愿） | 基准地价（lnGOVBP） | 采用地级市基准地价来表示。为便于比较，取前三土地级别所对应基准地价的平均值，并取对数 |
| 控制变量（城市规模） | 人口密度（lnPD） | 将其定义为每平方公里土地的年末常住人口，并取对数 |
| | 劳动力（lnLABOR） | 用第二产业从业人员数来表示，取对数 |
| 控制变量（经济环境） | 地区经济发展水平（lnPGDP） | 用人均生产总值来表示，以 2007 年为基期利用 CPI 平减，并取对数 |
| | 外资（lnFDI） | 采用当年实际使用外资金额（FDI）来表示，利用当期汇率换算成人民币，以 2007 年为基期利用 CPI 平减，并取对数 |
| 控制变量（外部环境） | 交通条件（TRAF） | 将各地级市分为全国性综合交通枢纽节点城市和其他类型交通枢纽节点城市，采用虚拟变量来表示 |
| | 产业集聚（LQ） | 采用区位熵计算，即地级市第二产业增加值占 GDP 的比重与全国第二产业增加值占 GDP 的比重的比值 |
| | 产业结构（STRU） | 产业结构反映当地经济的发展结构，由于研究的对象是工业用地，并不涉及第一产业，因此定义为第三产业增加值与第二、第三产业增加值之和的比值 |

从表 5 - 2 中可以看出，工业地价、基准地价、人均生产总值、劳动力和外资等指标的标准差均大于 0.5，这说明区域之间存在较大的差异。在后面的研究中，我们会具体进行区域差异的比较，进一步研究区域差异的影响。

表 5 - 2 变量的描述性统计

| 变量 | 样本数 | 平均值 | 中位数 | 标准差 | 最大值 | 最小值 | 说明 |
|---|---|---|---|---|---|---|---|
| lnPRICE | 2 800 | 5.01 | 4.97 | 0.51 | 7.25 | 0.68 | 单位：元 |
| GOVLS | 2 800 | 0.84 | 0.95 | 0.25 | 1 | 0 | 比重 |
| lnGOVBP | 2 800 | 6.02 | 5.98 | 0.53 | 9.05 | 4.12 | 单位：元 |
| lnPD | 2 800 | 5.75 | 5.89 | 0.90 | 7.88 | 1.58 | 单位：人/km² |
| lnLABOR | 2 800 | 12.06 | 12.04 | 1.03 | 15.25 | 8.37 | 单位：人 |
| lnPGDP | 2 800 | 10.21 | 10.18 | 0.65 | 12.39 | 4.54 | 单位：元/人 |
| lnFDI | 2 800 | 19.45 | 18.96 | 1.82 | 25.80 | 13.64 | 单位：元 |
| TRAF | 2 800 | 0.14 | 0 | 0.34 | 1 | 0 | 虚拟变量 |
| LQ | 2 800 | 0.95 | 0.90 | 0.14 | 1.69 | 0.33 | 比重 |
| STRU | 2 800 | 0.54 | 0.53 | 0.08 | 0.88 | 0.23 | 比重 |

## 5.1.2 数据说明

本章的数据来源主要包括以下几部分：

工业地价数据来自中国土地市场网。本节利用八爪鱼软件，收集了 2007 年 1 月 1 日至 2016 年 12 月 31 日全国 280 个地级市约 31 万条工业用地出让的微观数据（共计 312 002 笔）。对数据处理如下：（1）剔除数据：对符合下列条件之一的数据予以剔除：①土地成交价格缺失；②土地面积缺失或为零；③明显的异常值。（2）计算地价：工业用地成交价格的计算方式为：工业地价 = 宗地土地成交价格/宗地面积，得到各地级市每宗工业用地成交的单位面积价格。（3）汇总处理：以地级市为单位，计算工业地价的平均值，得到各地级市的工业地价。

基准地价数据来源于各地级市国土资源部网站。对于部分缺失的数据，并辅以政府网站、中国地价信息服务平台等进行补充。地方政府原则上一般每三年更新一次基准地价，利用基准地价的存续时间构成面板数据。

地级市的社会经济统计数据，包括国内生产总值、人均生产总值、第二、第三产业增加值、第二产业从业人员数、人口密度、当年实际使用外资金额等，均来自 2007 ~ 2016 年各期《中国城市统计年鉴》。

依据地级市的划分标准，并且基于实证分析数据的一致性，本章将城市统计年鉴中不存在的地级市、工业用地出让数量明显偏少不构成样本的地级市均予以剔除，得到本章所选取的 280 个地级市作为研究对象（港澳台地区除外）。

## 5.2　工业地价空间相关性

### 5.2.1　全域空间性分析

在工业用地市场化改革背景下，土地出让方式对工业地价究竟有何影响，改革影响程度多大，对相邻地区的工业地价又会有何影响？为了探究这一问题，本章结合已有研究，拟从工业地价空间性的研究出发，对土地出让方式与工业地价间的关系进行深入分析探讨。

判断中国地级市间工业地价的空间相关性，一般可通过莫兰（Moran's I）指数进行验证。莫兰指数的计算公式为：

$$I = \frac{n \sum\limits_{i=1}^{n} \sum\limits_{j=1}^{n} W_{ij}(X_i - \bar{X})(X_j - \bar{X})}{\sum\limits_{i=1}^{n} (X_i - \bar{X})^2 \sum\limits_{i=1}^{n} \sum\limits_{j=1}^{n} W_{ij}} \tag{5.1}$$

其中，I 为莫兰指数，$\bar{X}$ 为 280 个地级市工业地价数据的平均值，$X_i$ 为地级市 i 的工业地价水平，$X_j$ 为地级市 j 的工业地价水平，$W_{ij}$ 为空间权重矩阵，n 为地级市数。I 的取值范围为 $-1 \leqslant I \leqslant 1$，当 I 的绝对值越接近 1 时，各地级市间工业地价的空间相关性越强；I 接近 1 时，表示地级市间工业地价呈现空间正相关；I 接近 -1 时表示呈现空间负相关；I 等于 0 时，则表示地级市间工业地价无空间相关性。本章计算了 2007 ~ 2016 年中国 280 个地级市的工业地价莫兰指数，如表 5 - 3 所示。

表 5 - 3　　　　　　　　2007 ~ 2016 年中国 280 个地级市工业地价莫兰指数

| 指数 | 2007 年 | 2008 年 | 2009 年 | 2010 年 | 2011 年 | 2012 年 | 2013 年 | 2014 年 | 2015 年 | 2016 年 |
|---|---|---|---|---|---|---|---|---|---|---|
| 莫兰指数 | 0. 232 | 0. 272 | 0. 288 | 0. 308 | 0. 389 | 0. 451 | 0. 450 | 0. 448 | 0. 335 | 0. 377 |

表 5 - 3 的结果显示，2007 ~ 2016 年中国各地级市的工业地价莫兰指数为 0. 232 ~ 0. 451，指数均值为 0. 355，说明中国各地级市间工业地价存在明显的空间正相关性，即对于工业地价较高的地区，往往存在一个或较多工业地价较高的地区与其相邻（高—高的正相关）；同理，对于工业地价较低的地区，往往存在一个或较多工业地价较低的地区与其相邻（低—低的正相关）。

此外，由数据变化趋势可知，莫兰指数基本呈现逐年上升趋势（2015 年和 2016 年有略微下降），说明随着时间推进，其工业地价空间相关性在逐渐增强。其原因有两方面：

一方面，随着时间推进，交通基础设施在逐渐完善，劳动力流动性在逐渐增大，相邻地级市间的联系更加密切，因此相邻地级市工业地价间的影响也就逐渐增大；另一方面，随着时间的推进，产业集聚逐渐形成，由产业集聚效益所带来的工业地价的空间相关性也就逐渐增强。

通过计算莫兰指数，我们知道地级市间工业地价存在显著的空间正相关性，那么哪些地级市的工业地价存在空间正相关性呢？哪些地级市的工业地价空间正相关性更强呢？为了探究这一问题，我们需要根据莫兰指数绘制 Moran 散点图，进而分析工业地价空间正相关性的分布区域。图 5 - 1 是 2007 年、2010 年、2013 年和 2016 年中国各地级市工业地价 Moran 散点图。

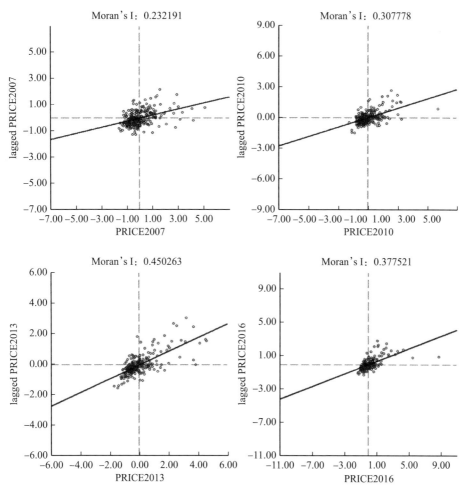

**图 5 - 1　2007 年、2010 年、2013 年和 2016 年中国 280 个地级市
工业地价的 Moran 散点图**

散点图的横坐标为各地级市工业地价的标准值，纵坐标为相邻地级市的
工业地价平均值。图分为四个象限，第一象限表示高—高的正相关，第三象
限为低—低的正相关，由于莫兰指数值表现出正相关，则表明负相关的第二、
第四象限为非典型观测区域。由散点图可以计算得出：2007 年和 2010 年大约
有 200 个地级市位于第一、第三象限，2013 年和 2016 年大约有 220 个地级市
位于第一、第三象限，这表明绝大部分地级市处在第一、第三象限，即中国

地级市间工业地价存在明显的空间正相关性。通过分析第一、第三象限的城市位置可以粗略得出，高—高类型工业地价空间正相关性的城市主要分布在东部地区，低—低类型工业地价空间正相关性的城市主要分布在中西部地区。当然，这只是初步的结论，在局域空间性分析中，我们将就这一问题将进行深入的分析。

### 5.2.2　局域空间性分析

莫兰指数可以用来检验工业地价空间相关性的大小，以及是空间正相关性还是空间负相关性，但不能用来判断空间相关性的集聚类型。Getis – Ord 指数 G 统计量可以检验空间相关性的集聚类型，其计算公式如下：

$$G(d) = \frac{\sum \sum w_{ij} x_i x_j}{\sum \sum x_i x_j} \tag{5.2}$$

其中，$w_{ij}$ 是空间权重矩阵，若单位 $i$ 和单位 $j$ 相邻，则对应权重为 1，否则为 0。$x_i$ 和 $x_j$ 为地级市 $i$ 和地级市 $j$ 的工业地价观测值。检验统计量 Z 为正且显著时，工业地价间呈现高值集聚；当 Z 值为负且显著时，呈现低值集聚；当 Z 值趋近 0 时，在空间上为随机分布。

表 5 – 4 是 2007 ~ 2016 年中国 280 个地级市工业地价 G 指数值。

表 5 – 4　　　2007 ~ 2016 年中国地级市工业地价 Getis – Ord 指数 G

| 指数 | 2007 年 | 2008 年 | 2009 年 | 2010 年 | 2011 年 | 2012 年 | 2013 年 | 2014 年 | 2015 年 | 2016 年 |
|---|---|---|---|---|---|---|---|---|---|---|
| G 指数 | 0.019 | 0.019 | 0.018 | 0.019 | 0.019 | 0.019 | 0.019 | 0.019 | 0.019 | 0.019 |
| Z 值 | 1.172 | 1.549 | 0.850 | 1.724 | 1.724 | 2.416 | 2.471 | 2.193 | 1.696 | 2.347 |
| P 值 | 0.241 | 0.121 | 0.395 | 0.085 | 0.085 | 0.016 | 0.014 | 0.028 | 0.090 | 0.019 |

表 5 – 4 的结果显示：2007 ~ 2016 年中国 280 个地级市工业地价 G 指数值均为 0.019，差别不大，但 Z 值均为正，且基本呈现逐年上升的趋势；与此同时，P 值基本呈现逐年减小的趋势。这说明地级市间工业地价存在高—高类

型的空间正相关性，即存在高值集聚（热点），而且随着时间的推移，工业地价间的高值集聚（热点）越来越大，即工业地价高—高类型空间正相关性在逐渐加强。

## 5.3　市场化改革对工业地价的影响

### 5.3.1　现状分析

为了更好地分析市场化改革为对工业地价的影响，本节首先进行工业地价、地方政府出让方式和基准地价的现状分析。

通过对 2007 ~ 2016 年各地级市工业地价的变化趋势（见图 5 - 2）进行统计分析可以看出，整体上工业地价基本呈现逐年上升的趋势，且逐渐趋于稳定。分区域来看，东部地区的工业地价最高，明显高于全国工业地价平均值，而中部、西部和东北地区的工业地价均低于全国工业地价平均值，且西部地区的工业地价最低。从增长趋势来看，东部地区的工业地价的增长率最高，明显高于其他地区，呈现稳定增长的趋势。这显然符合我国的实际情况，东部地区有着地理位置、经济水平、人口交通等方面的优势，其工业地价固然应该高于其他地区。

由 2007 ~ 2016 年各地级市划拨及协议出让工业用地面积占总出让面积的比值变化（见图 5 - 3）可以看出，整体上，各地级市划拨及协议出让工业用地面积占比基本呈现逐年下降的趋势，且逐渐趋于稳定。分区域来看，各区域间的差距并不明显，具有较多的交叉，但基本上东北地区划拨及协议出让工业用地面积占比会较高一些，尤其是在 2012 ~ 2016 年，东北地区明显高于其他地区。从逐年下降幅度来看，2007 ~ 2008 年各地区的下降幅度是最大的，均下降了 50% 左右，尤其是东部地区，下降了 75%。各地级市划拨及协议出让工业用地面积占比下降，这是因为 2007 年起开始实施的《全国工业用地出让最低价标准》对工业地价的出让方式做了严格的规定,"工业用地必须采用招标拍卖挂牌方式出让"。

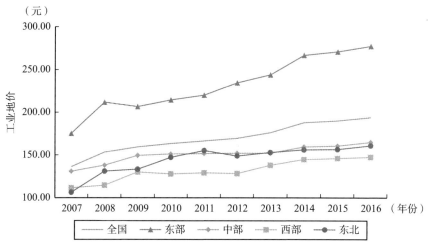

图 5 - 2  2007 ~ 2016 年各地级市工业地价变化趋势

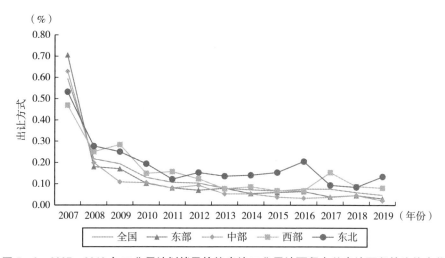

图 5 - 3  2007 ~ 2019 年工业用地划拨及协议出让工业用地面积占总出让面积的比值变化

图 5 - 4 给出了 2007 ~ 2016 年各地级市基准地价变化趋势,整体上,各地级市基准地价呈现稳定增长的趋势,且逐渐趋于稳定。分区域来看,东部地

区的基准地价最高,明显高于全国基准地价平均值和其他地区基准地价,而中部、西部和东北地区的基准地价明显低于全国基准地价平均值,其中西部地区的基准地价最低。从增长率来看,东部地区基准地价的增长率最大,尤其是在 2013 ~ 2014 年,其增长幅度最大,其次是全国基准地价平均值,也有较大幅度的增长,而其他地区基准地价整体上增长幅度较小,且 2014 ~ 2016 年趋于稳定水平。

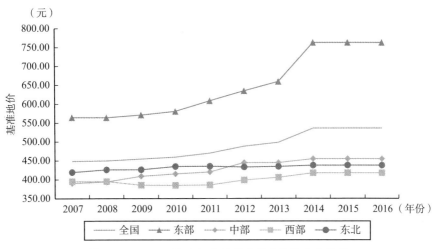

图 5 – 4  2007 ~ 2016 年各地级市基准地价变化趋势

### 5.3.2  模型设定

基本的计量模型设定如下:

$$\ln PRICE_{it} = \alpha_0 + \alpha_1 GOVLS + \beta X_{it} + \mu_i + \varepsilon_{it} \tag{5.3}$$

其中,$\ln PRICE_{it}$ 为地级市 $i$ 在 $t$ 年的工业地价对数值。GOVLS 代表工业用地市场化方式出让程度。$X_{it}$ 是一组可能影响工业地价的控制变量,包括城市基准地价、城市规模变量、经济环境变量和外部环境变量。$\mu_i$ 代表固定效应,$\varepsilon_{it}$ 是随机扰动项,假定期望值为零,无序列相关。

### 5.3.3 结果分析

本章首先采用逐步回归法进行分析，结果显示，外资指标的 p 值为 0.32，应予以剔除。模型选择上，Hausman 检验结果 $\chi^2(9) = 55.06$，p 值等于 0.000，表明在 1% 的显著性水平下拒绝固定效应估计与随机效应估计无差异的假设，因此固定效应估计相对更优。本章同时也进行随机效应估计，以便与固定效应估计结果相比较（见表 5 - 5）。

表 5 - 5　　　　　　　　　面板数据回归结果

| 解释变量 | 被解释变量（lnPRICE） | | |
|---|---|---|---|
| | （1）逐步回归估计 | （2）固定效应 LSDV 估计 | （3）随机效应 FGLS 估计 |
| 市场化出让方式（GOVLS） | 0.159 *** (5.31) | 0.275 *** (6.55) | 0.255 *** (6.44) |
| 基准地价（lnGOVBP） | 0.273 *** (16.01) | 0.190 *** (4.83) | 0.234 *** (5.29) |
| 人口密度（lnPD） | 0.175 *** (18.90) | 0.464 *** (2.69) | 0.188 *** (7.45) |
| 劳动力（lnLABOR） | 0.045 *** (4.50) | 0.029 *** (2.68) | 0.029 ** (2.14) |
| 地区经济发展水平（lnPGDP） | 0.171 *** (11.59) | 0.097 *** (3.19) | 0.124 *** (3.85) |
| 交通条件（TRAF） | - 0.034 ( - 1.37) | 0.693 *** (7.35) | 0.053 (0.93) |
| 产业集聚（LQ） | - 0.401 *** ( - 7.42) | - 0.025 ( - 0.54) | - 0.067 ( - 1.30) |

续表

| 解释变量 | 被解释变量（lnPRICE） | | |
|---|---|---|---|
| | （1）<br>逐步回归估计 | （2）<br>固定效应 LSDV 估计 | （3）<br>随机效应 FGLS 估计 |
| 产业结构（STRU） | － 0. 188 *<br>（－ 1. 95） | 0. 101<br>（1. 41） | 0. 069<br>（1. 05） |
| 常数项（cons） | 0. 420 ***<br>（2. 94） | － 0. 634<br>（－ 0. 63） | 0. 706 **<br>（2. 35） |
| 调整后的 R² | 0. 446 | 0. 754 | |
| F 值 | 282. 54 | 68. 14 | |
| 观察值 | 2 800 | 2 800 | 2 800 |

注：括号内是 t 值，*** 代表在 1% 水平上显著，** 代表在 5% 水平上显著，* 代表在 10% 水平上显著。

表 5 - 5 中第（1）列给出了逐步回归结果，表明以招标、拍卖、挂牌的市场化方式出让工业用地面积占比与工业地价成显著正相关关系。第（2）列是采用固定效应估计的结果，第（3）列是随机效应估计结果。结果显示，无论是固定效应估计还是随机效应估计，都表明以市场化方式出让工业用地面积占比越大，工业地价越高，且从控制变量的回归结果看，基准地价对工业地价的影响显著为正，这显然符合理论分析结果。

正如前文指出的，我国经济发展存在显著的区域不平衡性，为了进一步揭示不同区域间地方政府供地行为对工业地价的影响差异，本书进行分区域检验，结果见表 5 - 6。回归结果表明，地方政府供地行为对工业地价的影响存在显著的区域差异。具体来看，东、中、西部地区地方政府工业用地市场化出让方式占比增加均显著提升工业地价，但仅有东部地区基准地价对工业地价呈显著正向关系；东北地区地方政府工业用地出让方式和基准地价对工业地价均不存在显著的影响。

表 5 - 6 　　　　　　　　　　　　面板数据分区域回归结果

| 解释变量 | 被解释变量 (lnPRICE) | | | |
|---|---|---|---|---|
| | 东部地区 | 中部地区 | 西部地区 | 东北地区 |
| 市场化出让方式 (GOVLS) | 0.227 *** (4.58) | 0.254 *** (5.45) | 0.343 *** (3.15) | 0.139 (1.21) |
| 基准地价 (lnGOVBP) | 0.315 *** (5.78) | 0.040 (0.70) | 0.075 (0.78) | -0.160 (-0.98) |
| 人口密度 (lnPD) | 1.420 *** (3.98) | 0.608 ** (2.50) | 0.274 (0.78) | -1.779 ** (-2.49) |
| 劳动力 (lnLABOR) | 0.022 (1.07) | -0.008 (-0.53) | 0.056 *** (3.19) | -0.014 (-0.45) |
| 地区经济发展水平 (lnPGDP) | 0.058 (1.12) | 0.095 ** (2.48) | 0.028 (0.61) | 0.463 *** (5.79) |
| 交通条件 (TRAF) | -0.302 ** (-2.05) | 0.704 *** (5.68) | 0.298 (1.31) | 3.735 *** (3.33) |
| 产业集聚 (LQ) | -0.051 (-0.57) | -0.058 (-1.05) | 0.124 (1.12) | -0.108 (-1.04) |
| 产业结构 (STRU) | 0.133 (0.79) | -0.067 (-0.59) | 0.300 ** (2.28) | -0.308 * (-1.66) |
| 调整后的 $R^2$ | 0.790 | 0.715 | 0.658 | 0.528 |
| F 值 | 67.82 | 58.54 | 44.33 | 18.95 |
| 观察值 | 860 | 800 | 810 | 330 |

注：括号内是 t 值，*** 代表在 1% 水平上显著，** 代表在 5% 水平上显著，* 代表在 10% 水平上显著。

　　结果表明，从整体上看，以招标、拍卖、挂牌的市场化方式出让工业用地占比越大，工业地价越高；分区域比较来看（见表 5 - 6），东部和中西部地区土地出让方式对工业地价的影响与全国样本回归结果基本一致，东北地区工业用地出让方式对工业地价不存在显著的影响，且仅有东部地区基准地价与工业地价呈显著正向关系。

## 5.3.4　稳健性检验

在前面，我们采用招标、拍卖及挂牌方式出让工业用地面积占比来衡量市场化出让占比，在此，我们采用招标、拍卖及挂牌方式出让工业用地宗数占比来进行稳健性检验，具体回归结果见表5－7第（1）、第（2）列。另外，考虑到副省级城市和省会城市包括自治区首府具有某种特殊地位，土地出让与其他地级市有所不同，我们有必要剔除这些城市样本进行稳健性检验，剔除这些样本之后的回归结果见表5－7第（3）~（6）列。其中，第（3）列是剔除副省级城市仅加入核心自变量进行回归，第（5）列是剔除副省级城市和省会城市仅加入核心自变量进行回归。

表5－7　　　　　　　　　面板数据回归结果（稳健性检验）

| 解释变量 | 被解释变量（lnPRICE） | | | | | |
|---|---|---|---|---|---|---|
| | （1）出让方式指标替换 | （2）出让方式指标替换 | （3）剔除副省级城市 | （4）剔除副省级城市 | （5）剔除副省级和省会城市 | （6）剔除副省级和省会城市 |
| 出让方式（GOVLS） | 0.464 *** (12.20) | 0.393 *** (8.50) | 0.365 *** (9.86) | 0.277 *** (6.41) | 0.368 *** (9.27) | 0.280 *** (6.10) |
| 基准地价（lnGOVBP） | | 0.187 *** (4.84) | | 0.188 *** (4.66) | | 0.152 *** (3.53) |
| 人口密度（lnPD） | | 0.357 ** (2.11) | | 0.476 *** (2.73) | | 0.589 *** (2.94) |
| 劳动力（lnLABOR） | | 0.023 ** (2.25) | | 0.032 *** (2.86) | | 0.037 *** (3.35) |
| 地区经济发展水平（lnPGDP） | | 0.055 * (1.96) | | 0.091 *** (2.92) | | 0.081 ** (2.54) |
| 交通条件（TRAF） | | 0.804 *** (8.54) | | 0.771 *** (7.83) | | 0.233 * (1.72) |

| 解释变量 | 被解释变量（lnPRICE） | | | | | |
|---|---|---|---|---|---|---|
| | （1）<br>出让方式<br>指标替换 | （2）<br>出让方式<br>指标替换 | （3）<br>剔除副省<br>级城市 | （4）<br>剔除副省<br>级城市 | （5）<br>剔除副省级<br>和省会城市 | （6）<br>剔除副省级<br>和省会城市 |
| 产业集聚（LQ） | | - 0.044<br>（ - 0.96） | | - 0.030<br>（ - 0.62） | | - 0.007<br>（ - 0.16） |
| 产业结构（STRU） | | 0.087<br>（1.25） | | 0.090<br>（1.24） | | 0.060<br>（0.82） |
| 调整后的 R$^2$ | 0.760 | 0.762 | 0.736 | 0.744 | 0.719 | 0.728 |
| F 值 | 78.23 | 71.55 | 74.55 | 64.07 | 73.98 | 62.00 |
| 观察值 | 2 800 | 2 800 | 2 660 | 2 660 | 2 470 | 2 470 |

注：括号内是 t 值，*** 代表在 1% 水平上显著，** 代表在 5% 水平上显著，* 代表在 10% 水平上显著。

由表 5 - 7 第（1）~（6）列可以看出，以招标、拍卖、挂牌的市场化方式出让工业用地占比越高，工业地价越高，这与我们前面的分析结果完全相同。因此，各种稳健性检验的主要回归结果稳定。

# 5.4　本章小结

本章通过以招标、拍卖、挂牌方式出让工业用地面积占比来衡量工业用地市场化出让程度，利用 2007 ~ 2016 年我国 280 个地级市土地出让数据及社会经济数据进行固定效应回归，分析市场化出让方式行为对工业地价的影响，并基于区域差异进行分区域回归分析。基于上述研究，本章得出以下结论：

①从空间相关性分析来看，中国各地级市间工业地价存在明显的空间正相关性，且随着时间推进，工业地价空间相关性逐渐增强。其中，工业地价高—高类型的集聚（热点）主要分布在东部地区，低—低类型的集聚（冷点）主要分布在中西部地区。

②总体而言，工业用地市场化改革对缓解地价扭曲的效果较为显著。从全国整体来看，土地出让方式对工业地价产生了显著影响，市场化出让方式占比越大，工业地价越高，工业用地市场化改革使原先被人为压低的土地价格逐渐趋近真实水平。

③工业用地出让方式对工业地价的影响存在显著的区域差异。具体来看，东部和中西部地区出让方式对工业地价的影响与全国样本回归结果基本一致，东北地区工业用地出让方式对工业地价不存在显著的影响。

综上所述，在工业用地市场化改革之后，通过市场化方式出让的工业用地价格显著上升。作为最基本的市场信号，土地价格的这个变化趋势反映了工业用地市场的建设卓有成效，市场机制形成的价格逐步回升至反映供需的真实水平，从而也说明了改革是有成效的。

# 第 6 章

# 工业用地市场化改革效果

## ——资源配置角度

工业用地市场化改革首先是影响土地价格，前面的研究表明改革对缓解地价扭曲的效果显著，招标、拍卖、挂牌三种市场化出让方式能够显著提升工业地价，使土地价格逐渐趋近真实水平。在此基础上，价格信号将进一步发挥作用，影响资源配置。本章将基于 2007～2013 年工业企业购地数据，从公平和效率两个维度探讨市场化改革对土地资源配置的影响。

## 6.1　计量模型的构建与变量选择

### 6.1.1　模型构建与方法选择

根据前述理论分析，工业用地市场化改革会从公平和效率两方面影响土地资源的配置效率。

首先，为了研究工业用地市场化改革是否为土地资源在企业间配置创造了公平的市场环境，本章将购地企业样本按照所有制类型进行了划分，借助多元离散选择模型（mlogit）及其边际分析方法来研究核心解释变量"优质地块"对于不同类型企业购地可能性的影响。具体模型构建如下：

$$\text{Prob}(i, j) = f(\beta_0 + \beta_{ij} \text{Qualityland}_i + \sum \lambda \text{controls}_i + \varepsilon_{ij}) \quad (6.1)$$

其中，i 表示地块，j 表示最终购得土地的企业所有制类型，具体而言，包括国有企业、民营企业、港澳台企业和外资企业四类；Prob(i, j) 表示地块 i 最终被第 j 类的企业所购得的概率；Qualityland$_i$ 为核心解释变量，表征优质地块指标，在本章中从两个维度对其进行刻画（见表 6 - 1）；controls$_i$ 为控制变量，涵盖了企业特征、地块所在城市经济社会特征和地块其他特征（见表 6 - 1）；$\varepsilon_{ij}$ 是随机误差项。该模型刻画了优质地块指标（Qualityland$_i$）对 j 类企业购得 i 地块的概率影响。利用最大似然估计方法对式（6.1）进行估计，可以得到式（6.2）中不同类型企业最终购地的概率。需要说明的是，多元离散选择模型通常会默认数据记录中最多的一类为参照组，而在本书中选择将民营企业作为参照组。

$$\text{Prob}(Y_i = j) = P_j = \frac{\exp(x_i' \beta_j)}{\sum_{k=1}^{J} \exp(x_i' \beta_k)} \quad (6.2)$$

由于多元离散选择模型的回归系数反映的是相对概率的含义，为了更为直接地反映解释变量对企业购地的影响，本章在多元离散选择模型的回归结果基础之上，基于式（6.3）得到相应的边际回归结果，并据此展开分析。

$$\frac{\partial P_j}{\partial X_i} = P_j [\beta_j - \sum_{k=1}^{4} P_k \times \beta_k] \quad (6.3)$$

在完成改革对土地资源配置机会公平性的研究后，本书进一步研究改革是否解决了土地价格扭曲的问题，实现了土地资源配置价格上的公平性。研究主要基于反事实的分析框架，将企业购地价格作为评价标准，通过对比实际购地价格与反事实状态下购地价格的差别，从而得出改革对土地资源在企业间配置价格的影响。具体而言，根据经济学理性人假设，企业希望能以较低的价格购入所需要的用地，从而实现效用（或福利）最大化。不妨假定国有企业 G 成功购得某地块所负担的土地单价为 $A_{Ga}^*$，而非国有企业若购得该地块则需承担的单价为 $A_{Na}^*$，那么国有企业选择购入该地块的条件则为 $A_{Ga}^* -$

$A_{Na}^* = A^* < 0$，且 $A^*$ 比 0 越小越好，这样国有企业购入土地时越能减轻购地的成本压力。在得到国有企业实际购地价格时是无法得到该宗地由非国有企业购入时具体价格的，但可以通过构建以下模型以评估二者购地的价格差异：

$$Y_i = \beta' X_i + \gamma' A_i + \varepsilon_i \tag{6.4}$$

式（6.4）中，$Y_i$ 表示企业购入地块 i 的福利水平，以地块单价衡量；$X_i$ 为影响企业购地的外部环境因素，如地块微观特征、地块所在城市经济社会发展特征；$\beta'$ 和 $\gamma'$ 为待估计系数；$\varepsilon_i$ 为随机误差项。$A_i$ 为企业购地决策变量，$A_i = 1$ 表示该地块由国有企业购得，$A_i = 0$ 表示该地块由非国有企业购得；由于该决策变量并不能被视为严格外生变量，是否参与购地是企业基于预期收益分析的自我选择，存在一些不可观测因素，同时影响着企业购地决策与福利状况，例如政企关联、企业购地偏好等，即存在样本自选择问题。

为解决该问题，本书借鉴杨志海（2019）研究中的做法，利用内生转换回归模型来分析市场化改革背景下土地资源配置的福利效应。该模型一般包含两个阶段的估计：第一阶段，使用 Probit 或 Logit 模型估计企业购地的选择方程；第二阶段，建立购地福利水平决定方程，估计企业成功购地导致的福利水平变化。具体来说，此模型需要同时估计以下三个方程：

行为方程（是否购得土地）：

$$A_i = \delta' Z_i + k' I_i + \mu_i \tag{6.5}$$

结果方程 1（处理组，即国有企业购地的福利水平方程）：

$$Y_{ia} = \beta_a' X_{ia} + \varepsilon_{ia} \tag{6.6}$$

结果方程 2（控制组，即非国有企业购地的福利水平方程）：

$$Y_{in} = \beta_n' X_{in} + \varepsilon_{in} \tag{6.7}$$

式（6.5）中，$Z_i$ 是影响企业是否购得土地的各类因素，$\mu_i$ 是误差项；$I_i$ 是工具变量，以保证模型的可识别性。需要说明的是，本书选择地块所在城市的人均工资水平和土地容积率下限作为工具变量，将二者纳入企业购地决策模型，原因在于该变量仅影响企业的购地决策环节，不直接影响企业的福利水平。在式（6.6）与式（6.7）中，$Y_{ia}$ 与 $Y_{in}$ 分别表示国有企业与非国有企业两个样本组的福利水平；$X_{ia}$ 和 $X_{in}$ 是一系列影响企业购地福利水平的因素；$\varepsilon_{ia}$ 与 $\varepsilon_{in}$ 为结果方程的误差项。内生转换回归模型的估计结果给出了各类因素对国有企业购地与非国有企业购地福利水平的差别化影响。由于要评估市场化改革对企业购地福利水平的总体影响，则需要利用该模型的估计系数，进一步运用反事实分析框架，通过将真实情景与反事实假设情景下国有企业购地与非国有企业购地的福利水平期望值进行比较，来估计市场化改革对土地资源在企业间配置福利影响的平均处理效应。通过对差异及其变化进行分析，我们就可以得出以价格歧视为表征的地价扭曲是否得以缓解。具体回归之后求解的期望值表达式为：

国有企业购地的福利期望值：

$$E[Y_{ia} \mid A_i = 1] = \beta_a' X_{ia} + \sigma_{\mu a} \lambda_{ia} \tag{6.8}$$

国有企业未购入土地情形下的福利期望值：

$$E[Y_{in} \mid A_i = 0] = \beta_n' X_{in} + \sigma_{\mu n} \lambda_{in} \tag{6.9}$$

市场化改革背景下的国有企业购地福利状况的平均处理效应，即处理组的平均处理效应可以表述为式（6.8）与式（6.9）之差。本书将基于此方法，考察市场化改革对土地资源在企业间配置福利水平的平均处理效应，从而揭示是否改善了地价扭曲的状况，促进用地主体间的价格公平性。

最后，在分析了工业用地市场改革对土地资源配置公平性后，本书将从效率角度分析改革是否提升了土地资源配置的有效性。借鉴周方伟和杨继东（2020）的方法，设定以下基本估计式：

$$RAE_{pji} = \beta_0 + \beta_1 market_{pt} + \sum Control_{pji} \beta + year_t + \varepsilon_{pji} \tag{6.10}$$

式（6.10）中，核心解释变量为工业用地市场化程度 $market_{pt}$，表示第 t 年 p 省份工业用地市场化程度。被解释变量为 $RAE_{pji}$，代表 p 省份 j 行业出让宗地 i 的资源配置效率。$\sum Control_{pji} \beta$ 表示其他控制变量合集，包括地方经济发展水平（用人均 GDP 表示），政府干预程度（用财政支出占 GDP 的比重表示）、产业结构（用第二产业的产值与地方 GDP 的比重表示）和企业所有制；$year_t$ 表示控制年份固定效应；$\varepsilon_{pji}$ 是服从独立分布的随机扰动项。因此，需要指出的是本书在计量回归时也控制了企业个体固定效应。

### 6.1.2　数据匹配与变量选择

为了能够利用微观层面企业数据对本书关注主题展开研究，首先进行土地交易数据的收集。工业用地市场化改革下，每笔工业用地交易都会在中国土地市场网①进行公示，从而更加方便用地主体对出让土地相关信息进行了解，便于其做出是否参与竞标购地的决策。此外，每笔土地交易成功后也会有相应的出让结果进行网络公示，以起到监督作用。出让结果公告中不仅含有土地的基本信息，还有竞标成功的用地主体名称，信息更加丰富。

基于此，本书从该网站上爬取了2007~2019年全国除西藏及港澳台地区以外的30个省份土地出让结果数据，并以此为基础建立了工业用地出让结果数据库。此外，加上已有的2007~2013年工业企业调查数据库，本书将上述两个数据库进行匹配从而得到了2007~2013年工业企业购地数据库，为研究内容提供了有效的数据支持。关于两个数据库具体匹配方法，本书主要参照布兰特等（Brandt et al.，2012）和聂辉华等（2012）介绍的做法，利用企业名称这一关键字段信息进行匹配。对于同一企业当年重复购地的记录，参照张莉等（2019a）的做法仅保留第一条记录。匹配完毕后，得到7年间共计44 243宗工业用地出让样本。

在正式回归之前，本书还在原始匹配数据基础上补充了每年城市层面的经济特征数据，包括地区生产总值、地方财政一般性预算内支出、第二产业增加值、公路里程数、年底户籍总人口、职工平均工资等数据，数据来源于历年《中国区域经济统计年鉴》和《中国城市统计年鉴》。此外，为了能够精确衡量地块微观区位对企业间土地资源配置的影响，本书在上述匹配结果的基础上进行了数据的进一步补充完善，具体将在6.1.3节中进行详细介绍，这一指标也是本书的创新点之一。

需要指出的是，本书涉及的所有货币价值数据均以2007年为基期进行平

---

① https：//www.landchina.com/.

减处理，以削弱因为通货膨胀等因素对数据造成的影响。此外，为保证数据有效性，参照聂辉华等（2012）建议，按照下述原则对记录进行删减处理：职工人数小于 8 人的记录，予以删除；固定资产总计小于 0 的记录，予以删除；工业增加值和中间投入均小于 0 的记录，予以删除。同时，对土地出让面积为 0 或空值，以及土地成交价格为 0 或空值等记录也一并删除。最终，本书所用的变量及其处理方法可见表 6 - 1。

表 6 - 1　　　　　　　　　变量释义和处理方法

| 变量名称 | 变量标记 | 变量处理 |
| --- | --- | --- |
| 企业所有制类型 | Ownership | 国有企业赋值 1；民营企业赋值 2；港澳台企业赋值 3；外资企业赋值 4 |
| 宗地出让单价 | land price | 出让总价/出让面积；取对数形式 |
| 优质地块（Qualityland） | land grade<br>Distance<br>Area | 分为 18 个等级，按等级划分三档；<br>距老火车站距离的对数形式；<br>地块的面积取对数形式 |
| 工业用地市场化程度 | market | "招拍挂"方式出让的工业用地宗数占该省份当年全部土地出让宗数的比例 |
| 工业用地配置效率 | RAE | 见 6.1.5 节 |
| 企业规模 | Scale | 用企业员工数衡量，取对数形式 |
| 经济区域 | 见下注 | 虚拟变量，若出让土地在此区域，则赋值为 1，否则为 0；西南地区为参照组 |
| 人均国民生产总值 | Pgdp | 衡量市场规模指标；单位：万元/人；平减后取对数形式 |
| 用工成本 | wage | 衡量企业成本投入；单位：万元；取对数形式 |
| 产业结构特征 | industrial_structure | 第二产业增加值占该城市当年国民生产总值比例 |
| 政府干预水平 | intervention_gov | 当年财政支出占该城市当年国民生产总值比例 |
| 基础设施水平 | Infras | 用人均公路里程来衡量；单位：公里/每万人；取对数形式 |
| 容积率 | 上限（hfar） | 虚拟变量，若原始记录中有数值，则赋值为 1，否则为 0 |
| | 下限（lfar） | 参照 2004 年原国土资源部发布的有关工业用地容积率下限的限制规定，对异常值进行剔除 |

| 变量名称 | 变量标记 | 变量处理 |
|---|---|---|
| 土地出让方式 | 招标（tender）；<br>拍卖（auction）；<br>挂牌（listing）；<br>协议（negotiation） | 虚拟变量，若土地通过该方式出让，则赋值为 1，否则为 0；协议（negotiation）为参照组 |

注：①对于港（Hong Kong）澳（Macao）台（Taiwan）企业，本节在英文表示时简记作 HKMT enterprises；②所用土地出让总价均用固定资产投资价格指数平减至 2007 年；③本节将经济区域分为：东部沿海地区（Eastern Coastal）、长江中游地区（Middle Yangtze）、黄河中游地区（Middle Yellow River）、东北地区（Northeast）、北部沿海地区（Northern Coastal）、西北地区（Northwest）、南部沿海地区（Southern Coastal）、西南地区（Southwest）；④"企业规模"及以下变量均是本研究中的控制变量。

## 6.1.3 关键指标衡量与测度

本节具体介绍核心解释变量之一的优质地块指标构建过程，本书主要是从定性和定量两个角度对优质地块进行区分的。

首先，本书选择土地级别作为衡量优质地块的代理变量。对土地划分等级然后以此确定各类不同性质用地（商业用地、住宅用地、综合用地、工业用地）的出让基准地价，这是地方国土资源部门按照国土资源部有关要求，根据《城镇土地分等定级规程》标准，综合考虑土地区位差异的经济、社会、自然条件而对辖区内建设用地做出的划分结果。

需要注意的是在土地级别中，一级为最高，以此类推，等级越高，出让价格也就相对越高。鉴于此，本书就土地级别对工业企业购地数据库进行了统计，发现该指标下每年土地级别共有 18 级，为了能够便于使用该指标，将土地级别在原基础上划分为三档，即若土地级别为 1~6 级中任一级，则记为优（Good）；若土地级别为 7~12 级中任一级，则记为中（Medium）；若土地级别为 13~18 级中任一级，则记为差（Poor）。然后，按照虚拟变量的处理方式纳入回归模型中。如果能够较为公平地实现较高级别土地在不同用地主体间的合理配置，那么市场化改革创造的工业用地市场便是有效的。

此外，本书一方面借鉴现有研究，另外还创新性地测量了每宗土地的微观区位用以衡量地块的优质性。首先，借鉴一些学者（Lin & Ben，2009）的做法把地块面积作为衡量地块优质性的一个代理变量。不同于农业生产对土质有较高要求，工业用地因其本身特性使得其对用地面积要求较高，工业企业偏向于尽可能购得大面积的地块，这样一来既可以满足当前较为迫切的用地需求，同时还可以为后续发展留下较为充足的用地空间。因而能否较为公平地实现对大面积地块的最终获取是衡量土地资源配置机会公平性的重要体现。

而对于地块的微观区位，本书主要是根据工业企业购地数据库中每笔交易记录下含的地块位置信息来确定。具体操作是，以城市为单位，逐步进行该城市当年每宗工业用地位置的测量。首先，难点是确定每个城市的中心位置。这里选取城市老火车站作为测距起点，之所以没有选择高铁站，主要是因为其一般属于后建，相对而言位置处在外围，作为城市中心不尽合理。在 Google Maps 搜索框中首先输入城市老火车站名，车站名称主要是从搜索引擎上进行核实，确定老火车站名后，以此作为该城市地块位置测量的统一起点，将其进行标记；然后，在搜索框中顺次进行每块土地位置信息的定位，将此位置与起始处老车站标记点的直线距离作为该地块微观区位的衡量指标，基于上述步骤本书对 2007～2013 年共计 4 万余条记录进行手动测距。

需要注意的是，对于地块位置无法定位的交易记录，本书主要是依据土地交易结果中的电子监管号在中国土地市场网进行复证，若地块位置信息与土地市场网上的原始记录不一致，则以空值处理；对于不够精确的交易记录，本书主要是依据此模糊位置附近是否有购地的企业名称，或者以三维立体地图查看地表现状，从而实现对这类交易记录的数据测量工作。理论上，越是靠近城市市中心的地块，无论是在交通通达度、配套设施建设，还是工业发展水平等方面都较为完善，因而企业都希望能够获得靠近市中心的工业用地。通过检验不同类型企业获得近市中心位置地块的概率，便能在一定程度上反映出工业用地市场化改革是否为土地资源在用地主体间创造了公平的配置机会。

### 6.1.4 工业用地市场化水平测度

要测度工业用地市场化水平，首先是对市场化含义进行界定。招标、拍卖和挂牌出让工业用地具有更高的透明度和竞争性，也能够使土地市场呈现出更加公平和公开的特点。基于此，本书将工业用地市场化界定为更多以"招拍挂"方式出让工业用地，降低协议或无偿划拨来让渡土地使用权的经济现象。

而在具体测算上，本书参照徐升艳等（2018）的研究，采取比例法，以当年某省份全年以"招拍挂"方式出让的工业用地宗数占该省份当年全部土地出让宗数的比例来衡量土地出让的市场化程度；另外，用该省份全年以"招拍挂"方式出让的工业用地面积占该省份当年全部土地出让面积的比例来衡量土地出让的市场化程度。第一个指标作为首次正文回归使用，第二个指标作为稳健性检验使用。

需要说明的是，本书以工业用地出让结果数据库涵盖的最原始的土地出让结果信息作为衡量工业用地市场化的数据基础。因为匹配之后得到的工业企业购地数据库仅是规模以上工业企业[①]最终成功购得土地的记录，以此计算出的结果是不能准确衡量工业用地市场化程度的。

具体计算过程如下：首先，以省份为单位，按照"供地方式"中的类别，采用条件计数函数分别统计出各供地方式当年累计出让工业用地宗数，类似地，采用条件求和函数分别统计出各供地方式当年累计出让工业用地面积；然后，在此基础上，按照上述定义即可完成2007～2013年某一省份工业用地市场化程度的测算；之后，再照此流程即可完成全国除西藏和港澳台地区以外的30个省份在2007～2013年工业用地市场化水平的测度工作。具体详细的测算结果参见附录A。

在得到上述指标之后，利用垂直查询函数，将其重新匹配到工业企业购

---

① 中国工业企业数据库的统计范围是中国大陆地区销售额500万元以上（2011年起，为2 000万元以上）的工业企业。

地数据库中，进而得到回归中所使用的最终数据。

## 6.1.5 工业用地配置效率的测度

本书借鉴周方伟和杨继东（2020）的方法，构建每笔交易的工业用地配置效率指标。具体表达见式（6.11）：

$$RAE_{pji} = \ln\left(\frac{TFP_{pji}/TFP_{pj}}{ASSET_{pji}/ASSET_{pj}}\right) \tag{6.11}$$

式中，$TFP_{pji}$ 表示 p 省份 j 行业①中购地企业 i 的全要素生产率，而 $TFP_{pj}$ 表示在 p 省份企业 i 所属 j 行业全部购地企业的全要素生产率的中位数；类似，$ASSET_{pji}$ 表示 p 省份 j 行业中购地企业 i 的总资产规模，而 $ASSET_{pj}$ 表示在 p 省份企业 i 所属 j 行业全部购地企业的总资产规模的中位数。该指标的含义可以理解为：如果对企业 i 的相对规模来说，其相对生产率更高，那么此时企业 i 购得土地能够提升整体的工业用地配置效率。而之所以进行标准化处理，是为了解决因为极端值影响所造成的指标估计无效的问题。

所以，工业用地配置效率的测算关键就是要计算出每一个购地企业的全要素生产率。而传统的简单线性估计方法在用于企业全要素生产率估计时，由于无法有效应对同时性偏差和样本选择性偏差，往往会造成估计有偏问题（鲁晓东、连玉君，2012）。故在测算 TFP 的方法中用的比较多的是由欧雷和派克（Olley & Pakes，1996）提出的方法（简称 OP 法）以及由莱文索恩和佩特林（Levinsohn & Petrin，2003）提出的方法（简称 LP 法）。本书最终选择 LP 法来计算企业全要素生产率，主要是因为该方法以中间投入而非投资作为全要素生产率的代理变量，以解决投入变量的内生性问题，以及避免丢弃一些没有投资或投资为负的企业样本（安礼伟、蒋元明，2020），同时还可以较好地解决数据丢失问题（鲁晓东、连玉君，2012）。

所以，需要对指标"中间投入"进行有效估计。朱沛华和陈林（2020）

---

① 本书依据国民经济行业分类标准（GB-T4754-2002）对购地企业进行三大类行业划分，即采矿业、制造业和电力、热力、燃气及水生产和供应业。

在研究中提出：企业的中间投入＝总产值×主营业务成本/主营业务收入－应付工资总额－当年折旧＋财务费用。而在工业企业购地数据库中2008年和2009年"应付职工薪酬"（即工资支付）和"当年折旧"均是缺失的，需要进行估算并填充。

关于工资支付，本书参照安礼伟和蒋元明（2020）方法，用各个省份工业平均工资水平与企业从业人数相乘，从而得到工资支付的近似结果，其中各个省份分行业（这里指二位数行业）平均工资水平来自《中国劳动统计年鉴》，企业从业人数用工业企业购地数据库中原始数据（本书以从业人数为主，若其缺失则替换为从业人员年平均人数）。需要说明的是，我国在2011年对《国民经济行业分类》再次进行了修编，通过比对2011～2013年工业企业购地数据库发现，只有2013年调查数据是按照新的行业代码进行统计汇总的，因而需要将其转换为2002年标准，从而保证整个研究期内企业所属行业代码标准的一致性，本书参照陈林（2018）介绍的行业代码转换方法最终实现了上述目的。

关于当年折旧，本书采用安礼伟和蒋元明（2020）研究中提及的用固定资产原价（上一年）与折旧率乘积作为其近似估计值，但是本书并没有采用统一设定15%折旧率的做法，而是采用余泳泽等（2017）的做法，根据《中国工业经济统计年鉴》计算每年各二位数行业的折旧率作为估算当年折旧时所需的折旧率，这一做法相较于统一赋值，可以将不同行业的差异考虑在内，提升折旧率的估计精度。

完成上述计算步骤后，可以得出每年各企业的中间投入，但还需利用中间投入价格指数对中间投入进行平减处理，而中间投入价格指数是以投入产出表提供的消耗系数做权重，并和各行业的出厂价格指数加权平均推算得到的（李小平、朱钟棣，2015；戴小勇，2016）。

本书参照鲁晓东和连玉君（2012）估算全要素生产率的方法，对于企业的工业产出使用工业增加值而非总产出来衡量，理由是：一方面，增加值并不包含中间投入，主要反映了企业的最终生产能力，在全要素生产率的概念上更为贴合；另一方面，在我国，企业的总产值与中间投入之间高度相关。

而工业增加值的计算是参照聂辉华等（2012）提出的会计核算准则"工业增加值＝工业总产值－工业中间投入＋增值税"得到。在得到工业增加值后，对其使用企业所在地区的工业品出厂价格指数①进行平减化处理。而估算全要素生产率所需的资本 K 选用固定资产总值表示，并使用固定资产投资价格指数进行平减化处理；劳动力 L 则用企业从业人数衡量。

　　在算出了关键指标工业增加值、资本、劳动力和中间投入后，通过构建面板数据并在 Stata14 中使用 LP 指令代码进行企业全要素生产率的估算。然后，使用 Stata 中的 bys 指令代码，依次按照年份并在分省份的情形下再分行业计算各个购地企业所在省份所属行业的全要素生产率中位数和资产中位数，从而利用式（6.11）最终算出研究期内 4 万余条企业对应的工业用地配置效率指标。表 6 - 2 汇报测算出的工业用地配置效率数据的整体特征。为了验证运用参考方法的准确性，本书将所得结果与周方伟和杨继东（2020）测算的土地配置效率进行了比较，结果发现无论是标准差还是最小值和最大值，相对应的数值均是处于同一量级，而且并没有明显差别，这也说明本书测算结果的准确度与可靠性。此外，本书还在附录 B 报告了 30 个省份在研究期内的工业用地配置效率均值变化情况。

表 6 - 2　　　　　　　　　工业用地配置效率（RAE）整体特征

| 变量名 | 均值 | 标准差 | 最小值 | 最大值 | 样本数 |
|--------|------|--------|--------|--------|--------|
| RAE | － 0.27 | 1.57 | － 8.80 | 6.86 | N ＝ 41333 |

　　根据本书有关工业用地配置效率的测度方法，得到 2007 ~ 2013 年全国及东、中、西和东北地区②工业用地配置效率变化情况（见图 6 - 1）。从测算的初步结果看，7 年间我国各区域工业用地配置效率在 － 0.35 ~ － 0.1。地区之

---

① 数据来源于国家统计局；2011 年，此指数名称改为"工业生产者出厂价格指数"。
② 东部地区包括：北京、天津、河北、上海、江苏、浙江、福建、山东、广东和海南；中部地区包括：山西、安徽、江西、河南、湖北和湖南；西部地区包括：内蒙古、广西、重庆、四川、贵州、云南、陕西、甘肃、青海、宁夏、新疆；东北地区包括：辽宁、吉林、黑龙江。

间差异较为明显，东部地区在研究期内整体上低于全国平均水平，但在2011年后开始与全国水平呈现同步变化；东北地区则明显优于全国平均水平，尤其是2007~2010年间显著上升；中部地区工业用地配置效率整体上在 - 0.25附近上下摆动，规律性较弱；西部地区则整体上呈下降的变化趋势。工业用地配置效率在区域间呈现较为明显的分异，使在后续研究工业用地出让市场化程度对配置效率影响时有必要进行分区域的回归分析。

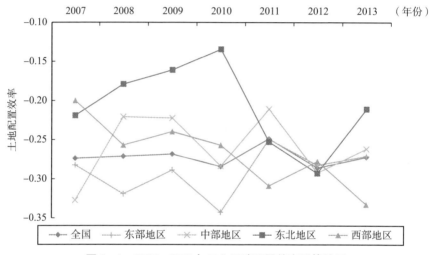

图 6 - 1　2007~2013 年工业用地配置效率测算结果

## 6.2　数据相关说明和描述性统计

基于前面指标测度所介绍的具体方法，本书计算了省份层面工业用地配置效率、工业用地市场程度等指标，并手动测算和查询统计年鉴以补充其他相关变量，所有统计数据的来源之前叙述过程中均已介绍；工业用地相关数据来自中国土地市场网，并由作者收集和整理。

此外，所有与货币价值相关的数据均参照已有研究的做法进行了相应的平减处理。重要变量的描述性统计见表 6 - 3。

表6-3 变量描述性统计

| 变量名 | | 2007年 | | 2008年 | | 2009年 | | 2010年 | | 2011年 | | 2012年 | | 2013年 | |
|---|---|---|---|---|---|---|---|---|---|---|---|---|---|---|---|
| | | mean | sd | mean | sd | mean | sd | mean | sd | mean | sd | mean | sd | mean | sd |
| 工业用地配置效率 | RAE | -0.27 | 1.65 | -0.27 | 1.66 | -0.27 | 1.68 | -0.28 | 1.71 | -0.25 | 1.56 | -0.29 | 1.52 | -0.27 | 1.48 |
| 出让面积 | Area | 0.74 | 1.12 | 0.79 | 1.07 | 0.61 | 1.13 | 0.65 | 1.20 | 0.82 | 1.07 | 0.73 | 1.07 | 0.68 | 1.04 |
| 距市中心位置的距离 | Distance | 3.10 | 0.94 | 3.29 | 0.87 | 3.36 | 0.86 | 3.28 | 0.86 | 3.37 | 0.86 | 3.46 | 0.83 | 3.47 | 0.82 |
| 容积率上限 | lfar | 0.57 | 0.50 | 0.63 | 0.45 | 0.72 | 0.41 | 0.73 | 0.40 | 0.73 | 0.37 | 0.81 | 0.38 | 0.83 | 0.31 |
| 容积率下限 | hfar | 0.37 | 0.48 | 0.34 | 0.48 | 0.37 | 0.48 | 0.41 | 0.49 | 0.32 | 0.47 | 0.38 | 0.49 | 0.36 | 0.48 |
| 产业结构特征 | industrial_structure | 0.51 | 0.09 | 0.51 | 0.09 | 0.51 | 0.08 | 0.52 | 0.08 | 0.53 | 0.07 | 0.52 | 0.08 | 0.51 | 0.08 |
| 政府干预水平 | intervention_gov | 0.11 | 0.04 | 0.12 | 0.06 | 0.12 | 0.06 | 0.13 | 0.06 | 0.14 | 0.06 | 0.15 | 0.07 | 0.16 | 0.08 |
| 人均国民生产总值 | Pgdp | 0.95 | 0.76 | 1.00 | 0.74 | 1.23 | 0.69 | 1.36 | 0.70 | 1.26 | 0.70 | 1.30 | 0.68 | 1.37 | 0.69 |
| 用工成本 | Wage | 0.85 | 0.29 | 0.92 | 0.29 | 1.07 | 0.26 | 1.18 | 0.25 | 1.19 | 0.23 | 1.28 | 0.21 | 1.34 | 0.21 |
| 基础设施水平 | Infras | 3.06 | 0.42 | 3.12 | 0.41 | 3.13 | 0.38 | 3.15 | 0.39 | 3.20 | 0.42 | 3.27 | 0.45 | 3.29 | 0.43 |
| 企业规模 | Scale | 5.09 | 1.24 | 5.01 | 1.22 | 5.07 | 1.23 | 5.13 | 1.23 | 5.58 | 0.89 | 5.36 | 0.92 | 5.69 | 0.81 |

## 6.3　市场化改革对土地资源配置公平性的影响

### 6.3.1　对土地资源配置机会公平性的影响

#### 1. 地块级别对配置机会公平性的影响

表 6-4 至表 6-7 是土地级别对土地资源在不同类型企业间配置影响的边际结果，在变量设定一节中已经介绍了土地级别的处理方式。可以发现，在市场化改革进程中，土地资源在四类企业间的配置是存在明显差异的。

对表 6-4 中的国有企业而言，2007 年地块级别好（Good）和中（Medium）的回归系数均显著为正，说明在其他条件保持不变时，土地级别越高的地块被国企购得的概率越高，意味着改革伊始，国企在购得优质地块上是占优的；而 2008~2013 年回归系数均不再显著，说明随着改革推进，国企这一优势有所削弱。与国企类似，表 6-7 中的外资企业好（Good）和中（Medium）两级别地块的回归系数大部分显著为正，并且系数绝对值呈递减趋势，说明外资企业在购得优质地块上具有优势，并且其优势随着改革推进在逐渐减弱。

对民营企业而言（见表 6-5），好（Good）和中（Medium）两级别地块的回归系数在大部分年份显著为负，且绝对值整体上递减，说明民企购得优质地块的概率相对较低。但递减的系数绝对值也说明，随着改革的推进，民营企业在购得优质地块上的劣势有所缓解。港澳台企业（见表 6-6）此处回归系数均不显著，究其原因，可能与样本数目较少有关，故此处不再进行讨论。

综上所述，国有企业和外资企业在购得较高级别地块上，在改革前期是具有优势的，但随着改革推进，二者的这种优势均有所削弱。相较而言，民企虽然在购得较高级别地块方面存在劣势，但改革的推进使其劣势明显缓解。此处的结果初步说明工业用地市场化改革能够为各类企业创造公平的用地环境，即土地资源在企业间配置呈现出了机会公平性，土地市场化改革也在一定程度上改善了企业面临的用地市场环境。

表 6 - 4　　　　　　　土地级别对该地块被国有企业购得概率的影响

| 变量 | 2007 年 | 2008 年 | 2009 年 | 2010 年 | 2011 年 | 2012 年 | 2013 年 |
|---|---|---|---|---|---|---|---|
| Good | 0.0502 *<br>(1.830) | 0.0233<br>(1.065) | 0.0123<br>(0.863) | 0.0166<br>(0.905) | 0.0110<br>(1.226) | 0.0042<br>(0.591) | 0.0087<br>(1.331) |
| Medium | 0.0573 *<br>(1.945) | 0.0013<br>(0.053) | 0.0143<br>(0.918) | 0.0176<br>(0.863) | -0.0002<br>(-0.016) | 0.0050<br>(0.605) | 0.0010<br>(0.129) |
| Observations | 2 828 | 2 472 | 3 553 | 2 789 | 6 923 | 8 311 | 9 123 |
| Controls | 是 | 是 | 是 | 是 | 是 | 是 | 是 |

注：①括号内为 Z 统计量，* 、** 、*** 分别代表 10% 、5% 、1% 的统计显著性水平；②Controls 包括企业特征、城市相关特征、地块其他特征等控制变量。

表 6 - 5　　　　　　　土地级别对该地块被民营企业购得概率的影响

| 变量 | 2007 年 | 2008 年 | 2009 年 | 2010 年 | 2011 年 | 2012 年 | 2013 年 |
|---|---|---|---|---|---|---|---|
| Good | -0.0617<br>(-1.546) | -0.0899 **<br>(-2.235) | -0.0242<br>(-1.074) | -0.1068 ***<br>(-2.661) | -0.0439 **<br>(-2.517) | -0.0239 *<br>(-1.834) | -0.0388 ***<br>(-3.028) |
| Medium | -0.0787 *<br>(-1.847) | -0.0575<br>(-1.352) | -0.0026<br>(-0.106) | -0.0944 **<br>(-2.274) | -0.0386 **<br>(-2.082) | -0.0277 **<br>(-1.989) | -0.0184<br>(-1.308) |
| Observations | 2 828 | 2 472 | 3 553 | 2 789 | 6 923 | 8 311 | 9 123 |
| Controls | 是 | 是 | 是 | 是 | 是 | 是 | 是 |

注：①括号内为 Z 统计量，* 、** 、*** 分别代表 10% 、5% 、1% 的统计显著性水平；②Controls 包括企业特征、城市相关特征、地块其他特征等控制变量。

表 6 – 6                 土地级别对该地块被港澳台企业购得概率的影响

| 变量 | 2007 年 | 2008 年 | 2009 年 | 2010 年 | 2011 年 | 2012 年 | 2013 年 |
|---|---|---|---|---|---|---|---|
| Good | 0.0176 (0.666) | 0.0073 (0.364) | 0.0086 (0.621) | 0.0022 (0.128) | – 0.0047 ( – 0.538) | 0.0026 (0.350) | 0.0011 (0.161) |
| Medium | 0.0205 (0.743) | – 0.0106 ( – 0.498) | – 0.0085 ( – 0.574) | – 0.0069 ( – 0.379) | 0.0044 (0.485) | 0.0019 (0.244) | – 0.0047 ( – 0.660) |
| Observations | 2 828 | 2 472 | 3 553 | 2 789 | 6 923 | 8 311 | 9 123 |
| Controls | 是 | 是 | 是 | 是 | 是 | 是 | 是 |

注：①括号内为 Z 统计量，*、**、*** 分别代表 10%、5%、1% 的统计显著性水平；②Controls 包括企业特征、城市相关特征、地块其他特征等控制变量。

表 6 – 7                 土地级别对该地块被外资企业购得概率的影响

| 变量 | 2007 年 | 2008 年 | 2009 年 | 2010 年 | 2011 年 | 2012 年 | 2013 年 |
|---|---|---|---|---|---|---|---|
| Good | – 0.0061 ( – 0.212) | 0.0593 (1.548) | 0.0033 (0.208) | 0.0879 ** (2.182) | 0.0376 ** (2.477) | 0.0171 * (1.722) | 0.0291 *** (2.812) |
| Medium | 0.0009 (0.028) | 0.0668 * (1.702) | – 0.0032 ( – 0.188) | 0.0837 ** (2.061) | 0.0344 ** (2.234) | 0.0209 ** (2.061) | 0.0221 ** (2.069) |
| Observations | 2 828 | 2 472 | 3 553 | 2 789 | 6 923 | 8 311 | 9 123 |
| Controls | 是 | 是 | 是 | 是 | 是 | 是 | 是 |

注：①括号内为 Z 统计量，*、**、*** 分别代表 10%、5%、1% 的统计显著性水平；②Controls 包括企业特征、城市相关特征、地块其他特征等控制变量。

## 2. 区位面积对配置机会公平性的影响

本节将核心解释变量指标从"土地级别"替换为"地块区位"和"面积"两个指标重新进行回归，结果如表 6–8 至表 6–11 所示。

表 6 – 8　　　　地块区位、面积对该地块被国有企业购得概率的影响

| 变量 | 2007 年 | 2008 年 | 2009 年 | 2010 年 | 2011 年 | 2012 年 | 2013 年 |
|---|---|---|---|---|---|---|---|
| Distance | −0.0219 *** | −0.0253 *** | −0.0132 *** | −0.0171 *** | −0.0142 *** | −0.0073 *** | −0.0038 * |
| | (−5.155) | (−5.397) | (−3.676) | (−3.900) | (−5.289) | (−3.132) | (−1.845) |
| Area | 0.0130 *** | 0.0188 *** | 0.0155 *** | 0.0192 *** | 0.0240 *** | 0.0205 *** | 0.0122 *** |
| | (3.519) | (4.614) | (4.892) | (4.956) | (9.358) | (9.419) | (6.550) |
| Observations | 3 304 | 2 850 | 3 908 | 3 017 | 7 760 | 9 330 | 10 310 |
| Controls | 是 | 是 | 是 | 是 | 是 | 是 | 是 |

注：①括号内为 Z 统计量，* 、** 、*** 分别代表10%、5%、1%的统计显著性水平；②Controls 包括企业特征、城市相关特征、地块其他特征等控制变量。

表 6 – 9　　　　地块区位、面积对该地块被民营企业购得概率的影响

| 变量 | 2007 年 | 2008 年 | 2009 年 | 2010 年 | 2011 年 | 2012 年 | 2013 年 |
|---|---|---|---|---|---|---|---|
| Distance | 0.0251 *** | 0.0224 *** | 0.0239 *** | 0.0390 *** | 0.0293 *** | 0.0235 *** | 0.0168 *** |
| | (3.443) | (2.841) | (3.750) | (5.163) | (6.787) | (5.986) | (4.798) |
| Area | −0.0215 *** | −0.0205 *** | −0.0242 *** | −0.0172 *** | −0.0349 *** | −0.0295 *** | −0.0220 *** |
| | (−3.369) | (−3.084) | (−4.590) | (−2.806) | (−9.541) | (−9.235) | (−7.595) |
| Observations | 3 304 | 2 850 | 3 908 | 3 017 | 7 760 | 9 330 | 10 310 |
| Controls | 是 | 是 | 是 | 是 | 是 | 是 | 是 |

注：①括号内为 Z 统计量，* 、** 、*** 分别代表10%、5%、1%的统计显著性水平；②Controls 包括企业特征、城市相关特征、地块其他特征等控制变量。

表 6 – 10　　　　地块区位、面积对该地块被港澳台企业购得概率的影响

| 变量 | 2007 年 | 2008 年 | 2009 年 | 2010 年 | 2011 年 | 2012 年 | 2013 年 |
|---|---|---|---|---|---|---|---|
| Distance | 0.0035 | 0.0015 | −0.0048 | −0.0063 | −0.0030 | −0.0040 | −0.0033 |
| | (0.756) | (0.290) | (−1.176) | (−1.363) | (−1.128) | (−1.618) | (−1.549) |
| Area | 0.0033 | 0.0052 | 0.0044 | −0.0053 | 0.0067 *** | 0.0051 *** | 0.0052 *** |
| | (0.827) | (1.295) | (1.388) | (−1.521) | (3.213) | (2.712) | (3.109) |

续表

| 变量 | 2007 年 | 2008 年 | 2009 年 | 2010 年 | 2011 年 | 2012 年 | 2013 年 |
|------|---------|---------|---------|---------|---------|---------|---------|
| Observations | 3 304 | 2 850 | 3 908 | 3 017 | 7 760 | 9 330 | 10 310 |
| Controls | 是 | 是 | 是 | 是 | 是 | 是 | 是 |

注：①括号内为 Z 统计量，*、**、*** 分别代表 10%、5%、1% 的统计显著性水平；②Controls 包括企业特征、城市相关特征、地块其他特征等控制变量。

表 6 - 11 　　　　地块区位、面积对该地块被外资企业购得概率的影响

| 变量 | 2007 年 | 2008 年 | 2009 年 | 2010 年 | 2011 年 | 2012 年 | 2013 年 |
|------|---------|---------|---------|---------|---------|---------|---------|
| Distance | - 0. 0067 <br> ( - 1. 244 ) | 0. 0014 <br> ( 0. 252 ) | - 0. 0059 <br> ( - 1. 350 ) | - 0. 0157 *** <br> ( - 2. 855 ) | - 0. 0121 *** <br> ( - 4. 289 ) | - 0. 0122 *** <br> ( - 4. 917 ) | - 0. 0097 *** <br> ( - 4. 384 ) |
| Area | 0. 0052 <br> ( 1. 128 ) | - 0. 0035 <br> ( - 0. 787 ) | 0. 0043 <br> ( 1. 194 ) | 0. 0032 <br> ( 0. 766 ) | 0. 0043 * <br> ( 1. 935 ) | 0. 0039 ** <br> ( 2. 106 ) | 0. 0047 *** <br> ( 2. 641 ) |
| Observations | 3 304 | 2 850 | 3 908 | 3 017 | 7 760 | 9 330 | 10 310 |
| Controls | 是 | 是 | 是 | 是 | 是 | 是 | 是 |

注：①括号内为 Z 统计量，*、**、*** 分别代表 10%、5%、1% 的统计显著性水平；②Controls 包括企业特征、城市相关特征、地块其他特征等控制变量。

从国有企业来看（见表 6 - 8），地块区位指标即距市中心位置的距离（Distance）的回归系数均显著为负，说明距市中心越近的地块最终被国企购得的概率越高，这意味着国有企业购地时更有可能购得区位占优的地块。值得注意的是，变量 Distance 的回归系数绝对值呈整体变小趋势，说明随着改革的推进，国有企业获取区位更近地块的优势在减弱。与此同时，地块面积指标（Area）回归结果均显著为正，说明地块面积越大，被国企购得的概率越高，意味着在购得大地块方面，国企是占优的。此时值得说明的是，本书已经控制了企业规模，这就表明国企对于大面积地块的购入优势只是由于其企业类型造成的，而不是由于国企通常规模较大造成的。同样值得注意的是，地块面积指标回归系数绝对值虽然呈现波动，但首尾两年绝对值呈现变小趋势，说明同区位指标一样，随着改革推进，国企购得大面积地块的优势同样

有所削弱。本书在纳入众多控制变量后仍呈现这一变化趋势，究其原因可能是工业用地市场化改革确实削弱了国企的天然优势，使其需要面对一个更加公开透明的工业用地市场，同其他企业平等参与用地竞标。

从民营企业来看（见表 6 - 9），Distance 指标的回归系数均显著为正，说明距市中心位置越远的地块最终配置给民企的概率越高，意味着民企在购得区位较优越的地块上处于劣势。但系数绝对值在首尾两年呈变小趋势，意味着随着改革的推进，民企在地块区位上的购地劣势有所缓解。与此同时，Area 指标回归系数均显著为负，说明地块面积越大，被民企购得的可能性越低。这意味着同区位指标一样，民企在获得大面积地块上也是处于劣势的。但 Area 指标系数绝对值变化趋势同 Distance 指标并不一致，没有呈现变小趋势，反而呈现变大趋势，说明民企购得大面积地块上的劣势并没有得到明显好转，反而在加深。民企的边际回归结果说明，在改革进程中，民企在购地过程中的区位劣势有所缓解，但在地块面积方面的劣势却仍未改善，究其原因，本书认为，一方面有可能是受资金约束造成的，另一方面可能是受限于数据可得性导致的研究期较短，而滞后性使得改革效果尚未显现。

最后，对外资企业（见表 6 - 11）来说，Distance 指标在 2010 ~ 2013 年系数均显著为负，说明地块距市中心越近，被外企购得的可能性越高。并且系数绝对值整体呈变小趋势，说明外企购得位置优越地块的优势同样有所削弱。而外资企业和港澳台企业（见表 6 - 10）在 2011 ~ 2013 年 Area 指标回归系数显著为正，说明这两类企业在购得大面积地块上也是占优的。这个趋势与国有企业基本一致，但这两类企业之所以会有优势，本书认为与地方政府招商引资对其政策倾斜有关。经过与国有企业比较可以发现，虽然这三类企业在获得大面积地块上均具有一定优势，但程度存在明显差异：从系数显著的年份横向比较来看，发现存在国有企业系数大于港澳台企业、港澳台企业大于外资企业的现象，这说明在四类企业中，国企在购入大面积地块上的优势最强。而进一步比较国企与港澳台企业之间的系数差距，可以发现整体呈缩小态势（由 2011 年的 0.0173 变为 2013 年的 0.007），说明伴随着改革进行，国有企业自身的购地优势逐渐减弱。这意味着，市场化改革不但削弱了国有企业的固有购地优势，还为其他企业提供了更公平的用地空间。

综上所述，工业用地市场化改革使土地资源在不同所有制类型企业间的配置机会更加公平，国有企业原本的天然优势被削弱，非国有企业在购得优质地块方面的劣势整体上有所缓解，但并未完全消除。整体上，工业用地市场化改革使得土地要素配置朝着愈发公平的方向发展。

此外，在分析上述结果时，发现国有企业和民营企业受地块微观区位和面积指标影响是最大的。为了能够直观分析改革影响的变化趋势，本书在mlogit 模型回归的基础上，通过控制其他变量赋值，绘制了研究期首尾两年这两类企业购地概率与地块区位、面积之间的趋势线（见图 6 - 2、图 6 - 3）。

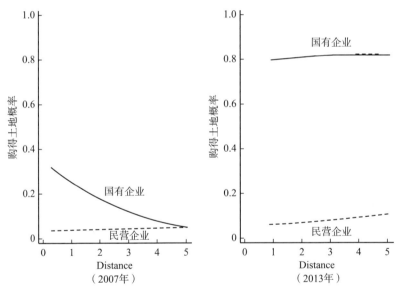

**图 6 - 2   国有企业与民营企业购地概率随地块区位（Distance）指标变化趋势**

注：此处地块区位（Distance）使用的是地块与城市老火车站距离原始数据的对数形式。

从图 6 - 2 可以看出，在 2007 年，随着距市中心距离增加，国有企业购得地块的概率显著下降（实线陡峭下降），说明改革伊始，国有企业在购地时具有明显的区位偏好，且成功购得近市中心地块的优势强于民营企业。值得注意的是，与 2007 年相比，2013 年国有企业购地概率从市中心向外延伸趋于平缓，表明此时国有企业在购地区位上的偏好与优势大大减弱。需要指出的是，国有企业此时与民营企业之间成功购地的概率差异更加明显，虽然国有企业购地的区位优势减弱，但是其顺利购得土地的概率反而进一步增强。原因可能是虽然随着改革的不断深入，土地要素市场更加透明和公平，国有企业原本的天然优势有所削弱，但并未完全丧失，加上国有企业发展的政策导向以及需要承担的社会责任，因而购地概率较民企更高。与此同时，民营企业（图中虚线）在两期均呈上升趋势，表明距市中心越远的地块，被民营企业购得的概率越高，也印证了前面民营企业购地具有区位劣势的结论。但对比两期变化，2013 年虚线最低位置明显高于 2007 年，且上升趋势变得更为明显，说明民营企业在近市中心购地的可能性有所提高，但同时整体上在偏离市中心的位置购地的可能性也进一步增强。其原因是：一方面，可能是公开透明的土地市场化机制增加了土地资源对民营企业配置倾斜的可能性；另一方面，随着要素市场化配置程度提升和经济快速发展，靠近市中心的土地价格也进一步上涨，为了减少用地成本，资本规模较小的民营企业会选择相对较远的位置进行投资设厂。

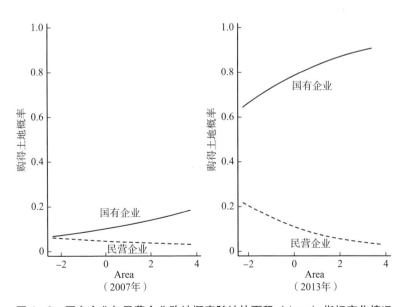

**图 6 - 3　国有企业与民营企业购地概率随地块面积（Area）指标变化情况**

注：此处地块面积（Area）使用的是原始数据的对数形式。

从图6-3可以看出，面积越大的地块被国有企业购得的概率越高（实线呈上升趋势）。且对比两期可以发现，国有企业购入大面积地块的概率均是高于民营企业的，但实线由2007年的平缓上升变成2013年的相对陡峭，这和模型推导中得出的"改革使企业对于大面积地块更加敏感"一致。同时2013年实线起点位置相较2007年明显上升，说明国有企业购得较小面积地块的可能性也显著增加，意味着其在购得大面积地块上的优势被削弱。民营企业（图中虚线）在两期中均呈现下降趋势，即获得大面积地块的概率仍然较低，且2013年时虚线下降趋势更加陡峭，起始位置整体上也明显高于2007年，说明民营企业2013年时购得大面积地块的概率进一步减小，其在此方面的劣势没有得到根本性缓解。

### 6.3.2 对土地资源配置价格公平性的影响

上述分析从土地资源在企业间配置的机会公平性入手，基本验证了工业用地市场化改革促进了用地公平性，使市场更加公开透明。

但除了提升土地配置机会公平性，解决土地市场中长期存在的地价扭曲问题也是改革的重要目的。购地价格作为工业企业投资结果，分析不同类型企业的购地价格差异，将能揭示土地要素价格扭曲的变化趋势，从而反映市场化改革的成效。

基于前面的理论分析和待检验假设，本书在反事实的分析框架下，对企业间的购地单价差异进行分析。土地价格差异反映在企业所有制类型时，主要存在于国有企业和非国有企业之间，这是因为与所有制类型相关的价格扭曲主要是由于政企关联造成的。此外，在前面分析企业购地概率变化时，也可以观察到国有企业和非国有企业之间存在较为明显的差异化特征。因此，本节将企业样本分为国有企业和非国有企业两类，同时将非国有企业作为参照组，国有企业作为实验组，运用Stata中的movestay指令代码进行反事实情形下平均处理效应的求解。需要指出的是，此处平均处理效应是指所有国有企业实际购地单价的期望值与反事实状态下非国有企业购地单价的期望值之差。

表 6-12 报告了反事实情形下得到的平均处理效应。国有企业实际购地单价的期望值记作 Price1，而反事实情形下非国有企业购地单价期望值为 Price2，从表 6-12 中可以发现，二者之差 dif 对应的 p 值均是显著的，充分说明在保持其他条件不变的情况下，两类企业之间购地单价确实存在较为明显的差异。

表 6-12　　　　　　　　反事实框架下企业购地单价的平均处理效应

| 年份 | obs | Price1 | Price2 | dif | St_Err | t_value | p_value |
|------|------|--------|--------|--------|--------|---------|---------|
| 2007 | 293 | 4.923 | 6.029 | −1.105 | 0.021 | −51.95 | 0.000 |
| 2008 | 212 | 5.104 | 6.107 | −1.003 | 0.021 | −46.55 | 0.000 |
| 2010 | 262 | 5.072 | 5.639 | −0.567 | 0.018 | −31.6 | 0.000 |
| 2011 | 561 | 5.08 | 5.275 | −0.196 | 0.007 | −25.95 | 0.000 |
| 2012 | 519 | 4.998 | 5.248 | −0.25 | 0.009 | −26.15 | 0.000 |
| 2013 | 500 | 5.029 | 5.44 | −0.411 | 0.008 | −50 | 0.000 |

除 2009 年没有迭代出结果之外，两类企业之间购地单价的差值 dif 均是显著为负且总体上呈现绝对值变小的趋势，说明在其他条件保持不变的情况下，随着市场化改革不断深入进行，国有企业低价购地的优势在减弱，以价格歧视为表征的土地价格扭曲现象得到改善，价格公平性的用地环境逐步建立。虽然工业用地市场化改革为土地资源在各类企业间配置创造了更加公平的市场环境，改革富有成效，但需要注意的是，国有企业这种优势并没有完全消失，企业购地单价的差异仍然存在，改革仍需要进一步深化。

## 6.3.3　对区域异质性分析

在研究工业用地市场化改革对土地资源配置公平性后，本节从效率视角进一步考察改革的资源配置效应。在之前分析市场化改革对土地资源配置影响机理以及工业用地配置效率指标测算初步统计时，证明了此处分区域研究的合理性。故本书在此基础上进行分区域研究，最终得出表 6 – 13 的结果。

表 6 – 13　　　　　　市场化改革影响工业用地配置效率的区域差异

| 变量 | 东部地区 | 中部地区 | 东北地区 | 西部地区 |
|---|---|---|---|---|
| Market | − 0.1780 *** （ − 3.011） | − 0.6063 *** （ − 4.923） | 0.9326 * （1.658） | − 0.2293 （ − 0.930） |
| 控制变量 | 是 | 是 | 是 | 是 |
| 个体固定 | 控制 | 控制 | 控制 | 控制 |
| 年份固定 | 控制 | 控制 | 控制 | 控制 |
| Constant | 1.7245 *** （3.779） | − 0.5881 （ − 1.032） | − 7.5081 ** （ − 2.346） | − 1.6816 ** （ − 2.379） |
| 观测值 | 21 812 | 9 576 | 3 300 | 6 245 |
| $R^2$ | 0.199 | 0.294 | 0.397 | 0.186 |

注：①此处的核心解释变量 Market 用的是 6.1.4 小节中出让宗数占比构建的工业用地市场化指标，被解释变量是每笔工业用地的配置效率；②括号内为 t 统计量。

从表 6 – 13 可以看出，核心解释变量 Market 在东部地区和中部地区均是在 1% 显著性水平下与工业用地配置效率负相关，意味着工业用地市场化程度越高，东部和中部地区工业用地配置效率反而会下降，且在中部地区效果更加明显；而该指标在东北地区却是在 10% 显著性水平下与工业用地配置效率正相关，意味着工业用地市场化程度越高，东北地区工业用地配置效率会显著提升。就具体原因而言，本书认为东部地区原本就因其对外开放更早，市场化水平已经较高，要素能够实现较为合理的公平化配置，而工业用地改革属于自上而下强制推行的"一刀切"式的改革，这使原本东部地区较为和谐的市场化环境受到影响，因而土地资源配置会受到较为明显的负向冲击。土地配置效率测算结果也显示东部地区是低于全国平均水平的，而在本书研究期后几年该指标逐步和全国平均水平保持一致变化，也说明改革的这种负面作用逐渐减轻。中部地区之所以显著为负,本书认为是由于东部地区的工业用地配置效率的负向冲击产生了空间溢出效应,使原本就呈现负向冲击的中部地区效果更加严重。东北地区显著为正,这得益于东北振兴这一背景环境的配合辅助。在此背景下,地方政府积极改善营商环境,逐步扫除计划经济时期残留的体制机制性障碍,再加上国家工业用地市场化改革的政策落实,使政策产生合力效果,更加激发了土地要素的有效配置。西部地区之所以效果不显著,可能是原本市场化发展水平就较低,而这一强制性改革举措落实的累积效果显现就会存在更加明显的滞后,并且由于西部地区样本量并不多,造成在本书研究期中改革成效并不显著。此外,上述发现表明,市场化改革在全国层面并没有形成相同的效率作用,这也就解释了为什么全样本回归时结果并不显著。

## 6.4　稳健性检验

为保证上述研究结果的有效性,本书从以下几个方面对结论进行稳健性考察。

### 6.4.1　模型的稳健性检验

首先,检验企业异质性划分的合理性。主要通过组间无差异检验进行验证,从而确保在运行多元离散选择模型时不同所有制类型企业的划分是合理的。如果检验结果无法拒绝原假设,那么意味着所有自变量对不同所有制企业购地成功的概率影响是不存在明显差异的,故而需要舍弃上述对企业所有制类型的划分方法,应将这些类别组合起来。但如果检验结果拒绝原假设,则意味着所有自变量对不同所有制企业购地成功的概率影响存在显著差异,将企业按所有制类型划分进行研究是合理的。由表 6-14 和表 6-15 可以看出,Wald 检验和 LR 检验的结果均显著拒绝了原假设,也就是说,解释变量对各所有制企业成功购地的概率影响存在明显差异，不可将其合并分析，而应该将企业进行异质性区分。

表 6 – 14　　　　　　　　Wald 检验结果 （2007～2013 年）

| 组别 | 2007 年 | 2008 年 | 2009 年 | 2010 年 | 2011 年 | 2012 年 | 2013 年 |
|---|---|---|---|---|---|---|---|
| HKMT & foreign | 80.285 | 58.284 | 63.753 | 50.151 | 71.575 | 98.437 | 67.257 |
| other domestic & HKMT | 278.607 | 153.947 | 190.021 | 134.351 | 313.161 | 363.941 | 260.543 |
| state-owned & HKMT | 205.778 | 117.24 | 163.135 | 165.559 | 219.148 | 284.287 | 264.823 |
| other domestic & foreign | 154.758 | 152.045 | 162.044 | 160.951 | 357.567 | 362.219 | 297.179 |
| state-owned & foreign | 183.024 | 116.599 | 161.85 | 166.754 | 255.799 | 272.495 | 270.035 |
| state-owned & other domestic | 409.572 | 335.213 | 409.247 | 367.138 | 652.488 | 672.915 | 714.176 |
| df | 20 | | | | | | |
| P > chi2 | 0.000 | | | | | | |

注：表中数值为该年份此检验方法所得 chi2 值。

表 6 – 15　　　　　　　　LR 检验结果 （2007～2013 年）

| 组别 | 2007 年 | 2008 年 | 2009 年 | 2010 年 | 2011 年 | 2012 年 | 2013 年 |
|---|---|---|---|---|---|---|---|
| HKMT & foreign | 95.983 | 68.597 | 74.284 | 59.202 | 77.213 | 109.848 | 71.817 |
| other domestic & HKMT | 310.903 | 158.957 | 198.67 | 147.169 | 319.352 | 373.02 | 255.952 |
| state-owned & HKMT | 350.288 | 153.834 | 215.511 | 237.74 | 299.805 | 391.8 | 343.11 |
| other domestic & foreign | 171.135 | 168.013 | 171.596 | 176.045 | 415.598 | 412.545 | 311.148 |
| state-owned & foreign | 254.345 | 148.477 | 226.876 | 229.699 | 365.868 | 371.659 | 376.605 |
| state-owned & other domestic | 618.556 | 468.105 | 597.536 | 576.409 | 801.146 | 789.949 | 837.746 |
| df | 20 | | | | | | |
| P > chi2 | 0.000 | | | | | | |

注：表中数值为该年份此检验方法所得 chi2 值。

其次，检验多元离散选择模型的适用性。该检验目的是验证本书所用的多元离散选择模型是否满足无关方案独立性的假设（即 IIA 假设），因为只有这一假设成立，该模型才能应用到本问题的研究和分析中来。如果检验结果不能拒绝原假设，则表示 IIA 假设在本研究中是成立的，即增加或减少购地企业类型的数目，并不会对现有类型企业购地成功的概率产生影响。从表 6 - 16 ~ 表 6 - 18 可以发现，IIA 检验结果 p 值并不显著，这意味着不能拒绝原假设，即 IIA 假设是成立的，本问题可以使用多元离散选择模型进行研究分析。需要注意的是，p 值为空是由 chi2 为负导致的，但这并不影响 IIA 假设成立的结论。

表 6 - 16　　　　　　　　IIA 假设检验结果（2007 ~ 2009 年）

| 组别 | 2007 年 | | | 2008 年 | | | 2009 年 | | |
|---|---|---|---|---|---|---|---|---|---|
| | chi2 | df | P > chi2 | chi2 | df | P > chi2 | chi2 | df | P > chi2 |
| HKMT | 0.79 | 20 | 1.000 | 5.089 | 17 | 0.998 | - 0.207 | 19 | — |
| foreign | - 6.486 | 6 | — | - 5.532 | 42 | — | - 8.809 | 42 | — |
| other domestic | 5.942 | 26 | 1.000 | - 20.02 | 35 | — | 26.873 | 23 | 0.261 |
| state-owned | 4.565 | 9 | 0.87 | 0.475 | 10 | 1.000 | - 2.854 | 13 | — |

注：表中数值为该年份此检验方法所得 chi2 值。

表 6 - 17　　　　　　　　IIA 假设检验结果（2010 ~ 2011 年）

| 组别 | 2010 年 | | | 2011 年 | | |
|---|---|---|---|---|---|---|
| | chi2 | df | P > chi2 | chi2 | df | P > chi2 |
| HKMT | - 0.18 | 5 | — | 4.186 | 42 | 1.000 |
| foreign | 1.722 | 9 | 0.995 | 6.117 | 42 | 1.000 |
| other domestic | 10.914 | 25 | 0.993 | - 58.746 | 42 | — |
| state-owned | - 3.539 | 12 | — | 1.736 | 42 | 1.000 |

注：表中数值为该年份此检验方法所得 chi2 值。

表 6 – 18　　　　　　　　　IIA 假设检验结果（2012～2013 年）

| 组别 | 2012 年 | | | 2013 年 | | |
|---|---|---|---|---|---|---|
| | chi2 | df | P > chi2 | chi2 | df | P > chi2 |
| HKMT | – 3. 048 | 4 | — | 2. 49 | 6 | 0. 87 |
| foreign | – 4. 238 | 14 | — | 0. 682 | 5 | 0. 984 |
| other domestic | 16. 348 | 15 | 0. 359 | – 39. 323 | 40 | — |
| state-owned | – 0. 704 | 7 | — | 0. 629 | 11 | 1. 000 |

注：表中数值为该年份此检验方法所得 chi2 值。

最后，本书还采取替换模型的方法再次进行结果的稳健性检验。本书基于二元离散选择模型验证多元离散选择模型回归结果的显著性，具体回归结果详见附录 C。通过对比两种方法的回归结果，可以发现核心解释变量的显著性是完全保持一致的，且相对应的回归系数并没有明显的差异，充分说明正文展示的回归结果是稳健的。

## 6.4.2　核心指标替换检验

在 6.3.3 节，本书考虑各地区在经济发展水平、阶段以及要素禀赋等方面存在的差异可能会影响工业用地市场化改革对工业用地配置效率的作用效果，因此采用了分区域的回归分析。此处，采用以面积占比替换核心解释变量 Market，重新进行回归分析，得到表 6 – 19。可以发现，对东部地区，Market 指标是在 5% 显著性水平下与工业用地配置效率负相关；中部地区仍然是在 1% 显著性水平下与工业用地配置效率负相关；而该指标在东北地区是在 1% 显著性水平下与工业用地配置效率正相关，西部地区仍然不显著。这一显著性和系数的符号方向与前文是完全一致的，表明计量结果是稳健可靠的。

表 6 – 19　　　　　　　市场化改革影响工业用地配置效率的区域差异

| 变量 | 东部地区 | 中部地区 | 东北地区 | 西部地区 |
|---|---|---|---|---|
| Market | – 0. 1377 ** <br> （ – 2. 397） | – 0. 6717 *** <br> （ – 3. 669） | 0. 6624 *** <br> （2. 963） | 0. 0400 <br> （0. 208） |
| 控制变量 | 是 | 是 | 是 | 是 |
| 个体固定 | 控制 | 控制 | 控制 | 控制 |
| 年份固定 | 控制 | 控制 | 控制 | 控制 |
| Constant | 1. 8285 *** <br> （3. 987） | – 0. 7393 <br> （ – 1. 206） | – 7. 8350 ** <br> （ – 2. 545） | – 1. 3347 * <br> （ – 1. 891） |
| 观测值 | 21 812 | 9 576 | 3 300 | 6 245 |
| $R^2$ | 0. 198 | 0. 290 | 0. 404 | 0. 183 |

注：①此处的核心解释变量 Market 用的是 6. 1. 4 小节中面积占比构建的工业用地市场化指标，被解释变量是每笔工业用地的配置效率；②括号内为 t 统计量。

## 6.4.3　进一步分析与讨论

考虑到内生性问题，本书在上述回归中均加入了企业特征、城市特征等变量指标进行控制；同时在本章第一节的分析时利用地块区位指标（Distance）替换了土地级别指标，由于该指标作为实际测算数据是严格外生变量，这也在一定程度上减轻了内生性问题对回归结果的影响。而且指标替换后，显著性特征并没有出现大的波动，也说明本书所发现结论的稳健性。

本书在研究工业用地市场化对土地资源配置公平性影响时，从机会公平性和价格公平性这两个角度进行分析，结果都证明了改革的显著性效果，这两种方式虽然方法和内容有区别，但是结论一致性也保证了本书研究结果的合理性。

最后，就个体和时点双固定效应面板数据模型设定的合理性，本书进行了较为全面的假设检验。具体结果见表 6 – 20 ~ 表 6 – 23。其中表 6 – 20 为核心解释变量工业用地市场化水平以出让宗数占比衡量情况下得到的检验结果，

表6-21为以出让面积占比表征核心解释变量情况下得到的结果。与前面分区域回归的思想保持一致，本书先后分别进行了表6-20和表6-21中的三组假设检验，主要是依据各组检验所需的回归结果构造检验统计量，然后与5%显著性水平下的临界值进行比较，从而得到检验结论。为了使结果更具有说服力，本书同时利用了 Chow 检验和 LR 检验。从表6-20和表6-21中的三组假设检验结果可以得出，均是拒绝原假设，接受备择假设，初步判定面板数据模型设定为个体和时点固定效应模型是合理的。为了进一步确保结果的稳健性，本书进行了 Hausman 检验，所得结果见表6-22和表6-23。可以发现，在5%显著性水平下的结果均是拒绝原假设，接受备择假设，即应当设定为个体固定效应。

综上所述，可以证明本书所用的面板数据模型设定方法是合理的，这也为最终结果的稳健性提供了支撑。

表6-20　　　　面板模型设定合理性检验1（核心解释变量—宗数占比）

| 待检验假设 | | H0：Pool<br>H1：个体时点 FE | H0：Pool<br>H1：个体 FE | H0：Pool<br>H1：时点 FE |
|---|---|---|---|---|
| 东部地区 | F 值 | 12.44 | 10.97 | 385.8 |
| | 临界值 | 1.05 | 1.05 | 5.5 |
| | chi2 值 | 103 255.26 | 100 463.66 | 42.82 |
| | 临界值 | 19 958.17 | 19 958.06 | 0.61 |
| 中部地区 | F 值 | 7.94 | 6.52 | 406.32 |
| | 临界值 | 1.09 | 1.09 | 5.03 |
| | chi2 值 | 43 438.78 | 41 506.16 | 35.51 |
| | 临界值 | 9 024.5 | 9 024.41 | 0.44 |
| 东北地区 | F 值 | 7.05 | 4.92 | 185.58 |
| | 临界值 | 1.18 | 1.17 | 4.93 |
| | chi2 值 | 14 822.67 | 13 569.63 | 15.64 |
| | 临界值 | 3 172.53 | 3 172.45 | 0.41 |

续表

| 待检验假设 | | H0：Pool<br>H1：个体时点 FE | H0：Pool<br>H1：个体 FE | H0：Pool<br>H1：时点 FE |
|---|---|---|---|---|
| 西部地区 | F 值 | 7.31 | 6.56 | 136.05 |
| | 临界值 | 1.12 | 1.12 | 5.04 |
| | chi2 值 | 27 840.14 | 27 094.77 | 11.98 |
| | 临界值 | 5 916.44 | 5 916.35 | 0.44 |

注：F 值为 Chow 检验所得结果，chi2 值为 LR 检验所得结果，分别将其与临界值比较大小。

**表 6 – 21　　面板模型设定稳健性检验 1（核心解释变量—面积占比）**

| 待检验假设 | | H0：Pool<br>H1：个体时点 FE | H0：Pool<br>H1：个体 FE | H0：Pool<br>H1：时点 FE |
|---|---|---|---|---|
| 东部地区 | F 值 | 12.44 | 10.97 | 404.4 |
| | 临界值 | 1.05 | 1.05 | 5.5 |
| | chi2 值 | 103 240.43 | 100 474.9 | 44.89 |
| | 临界值 | 19 958.17 | 19 958.06 | 0.61 |
| 中部地区 | F 值 | 7.89 | 6.55 | 498.17 |
| | 临界值 | 1.09 | 1.09 | 5.03 |
| | chi2 值 | 43 380.34 | 41 540.05 | 43.52 |
| | 临界值 | 9 024.5 | 9 024.41 | 0.44 |
| 东北地区 | F 值 | 7.15 | 4.74 | 231.11 |
| | 临界值 | 1.18 | 1.17 | 4.93 |
| | chi2 值 | 14 868.18 | 13 451.85 | 19.46 |
| | 临界值 | 3 172.53 | 3 172.45 | 0.41 |
| 西部地区 | F 值 | 7.29 | 6.45 | 148.97 |
| | 临界值 | 1.12 | 1.12 | 5.04 |
| | chi2 值 | 27 821.09 | 26 990.33 | 13.12 |
| | 临界值 | 5 916.44 | 5 916.35 | 0.44 |

注：F 值为 Chow 检验所得结果，chi2 值为 LR 检验所得结果，分别将其与临界值比较大小。

**表6-22　面板模型设定稳健性检验2（核心解释变量—宗数占比）**

| 待检验假设 | 东部地区 | | 中部地区 | | 东北地区 | | 西部地区 | |
|---|---|---|---|---|---|---|---|---|
| | chi2 值 | P 值 | chi2 值 | P 值 | chi2 值 | P 值 | chi2 值 | P 值 |
| H0：个体 RE<br>H1：个体 FE | 492.18 | 0.0000 | 98.51 | 0.0000 | 28.26 | 0.0001 | 46.07 | 0.0000 |

注：chi2 值为 Hausman 检验所得结果。

**表6-23　面板模型设定稳健性检验2（核心解释变量—面积占比）**

| 待检验假设 | 东部地区 | | 中部地区 | | 东北地区 | | 西部地区 | |
|---|---|---|---|---|---|---|---|---|
| | chi2 值 | P 值 | chi2 值 | P 值 | chi2 值 | P 值 | chi2 值 | P 值 |
| H0：个体 RE<br>H1：个体 FE | 339.39 | 0.0000 | 101.15 | 0.0000 | 28.55 | 0.0002 | 16.36 | 0.0120 |

注：chi2 值为 Hausman 检验所得结果。

# 6.5　本章小结

本章将2007～2013年的中国工业企业数据库与同期工业用地出让结果数据库进行匹配，得到工业企业购地数据库，并详细介绍了优质地块、工业用地市场化程度及土地配置效率等指标的衡量与测度方法。首先，本章利用多元离散选择模型及其边际分析法，分析了在市场化改革背景下，土地资源在不同所有制企业间配置的机会公平性；其次，通过反事实估计，分析了国有企业和非国有企业购地价格差异的变化趋势，以从价格公平性的视角，验证以价格歧视为表征的土地价格扭曲问题是否得以解决；最后，从效率视角分析市场化程度对土地资源配置的影响，考察了配置效率所存在的区域差异，从而较为全面地研究工业用地市场化改革对土地资源配置的影响。主要研究结论如下。

第一，对土地配置机会公平性而言，在工业用地市场化改革初期，国有企业有着较强的购地优势，成功购得优质地块（指地块等级高或者距市中心更近、面积更大）的概率要显著大于其他所有制类型企业。但随着改革不断地推进，这种优势明显有所削弱，意味着市场化改革增强了土地配置在企业间的机会公平性。

第二，从价格公平性角度来看，相较于非国有企业，国有企业能以更低的单价购得工业用地，即土地配置在国有企业与非国有企业之间的确存在价格扭曲现象，但反事实回归结果显示，随着改革的推进这种价格歧视现象有所缓解，从侧面表明市场化改革一定程度上解决了用地主体间存在的价格扭曲问题，从而实现了土地资源在用地主体间配置时的价格公平性。

第三，从配置效率视角切入，区域异质性回归结果表明：在本书的研究期内，改革对东中部地区工业用地配置效率存在显著的负向影响，而对东北地区则显著为正，西部地区效果暂未显现。

在替换核心指标、考虑内生性问题及对模型进行稳健性检验后，上述结论仍然成立。总体而言，理论与实证分析结果表明，工业用地市场化改革为工业企业创造了更加公平的用地环境。但也应看到，国有企业的购地优势虽然被削弱，但仍然存在；民营企业的购地劣势也未完全得到改善，且土地价格扭曲现象仍然存在，而土地资源配置有效性存在区域分异，这些都说明改革仍需进一步深化与完善。

# 第7章

# 工业用地市场化改革效果
## ——企业效率视角

第6章从资源配置角度验证了土地资源在不同所有制企业间配置的机会公平性和价格公平性，并考察了工业用地配置效率所存在的区域差异，说明市场化改革为工业企业创造了更为公平的用地环境。理论分析可知，工业用地市场化改革促进土地资源的有效配置，将会进一步促进企业的生产效率。因此，本章从企业效率视角出发，利用2003～2013年工业企业微观匹配数据，从资源配置和技术创新两个机制论证工业用地市场化改革对企业全要素生产率提升的作用。

## 7.1 变量与数据说明

### 7.1.1 模型设定与变量说明

1. 基准回归模型

本书选取2007年工业用地市场化改革作为准自然实验，利用2003～2013年工业企业的微观匹配数据，将通过市场化方式（招标、拍卖、挂牌）购地的企业作为处理组，通过非市场化方式（协议）购地的企业作为对照组，以评估工业用地市场化改革的政策效果。由于在传统的回归模型中通常会出现因遗漏变量所产生的内生性问题，为尽可能降低内生性，本书利用双重差分法研究工业用地市场化改革对于工业企业全要素生产率的影响。

基准回归方程如式（7.1）所示：

$$\text{lntfp}_{it} = \alpha_0 + \alpha_1 \text{treat}_i \times \text{post}_t + \sum \delta \text{controls}_{it} + \eta_i + \gamma_t + \varepsilon_{it} \quad (7.1)$$

其中，下标 i 代表企业，下标 t 代表年份。相关变量的解释如下：

①被解释变量：工业企业全要素生产率的对数值（lntfp）。在企业全要素生产率的测算方面，传统方法利用线性回归方程的残差项进行估计，但这一估计结果并不可靠，存在较强的同时性偏差和样本选择性偏差。为解决这一问题，近年来学术界提出一系列修正方案，包括 OP 法、LP 法、GMM 法等。其中，OP 法主要将企业当期投资额作为不可观测生产率冲击的代理变量并考虑企业进入和退出以解决样本选择性偏差和同时性偏差问题，而 LP 法进一步将中间品投入指标作为代理变量，既能够有效解决上述偏差，又能够避免 OP 法所面临的样本损失问题（在 OP 法中，当期投资非正的样本无法被估计）。由此，本书选取 LP 法测算工业企业的全要素生产率，并在后续检验部分，利用 GMM 法测算的全要素生产率进行稳健性检验。

在具体测算全要素生产率的过程中，需要涉及企业的工业产出（Y）、中间投入（M）、资本投入（K）以及劳动力投入（L）四个指标。在企业工业产出的衡量方面，当前文献普遍采用总产出和工业增加值两种方式衡量产出水平。由于工业增加值中不包含中间投入，更能够反映企业的最终生产能力，本书通过企业的工业增加值来衡量工业产出水平。

在中国工业企业数据库中，企业工业增加值和中间投入指标存在部分年份的缺失，因此本书参考前人的研究方法，利用数据库中的已有数据对二者进行补充。具体来讲，对于缺失一个指标的年份（2004 年数据库中缺失工业增加值指标，2010 年缺失中间投入指标），本书参照聂辉华等（2012）提出的会计核算准则"工业增加值 = 工业总产值 - 工业中间投入 + 增值税"对相应缺失指标进行补充；对于两个指标均缺失的年份（2008～2009 年、2011～

2013 年），本书参照朱沛华和陈林（2020）提出的"企业的中间投入 = 总产值×主营业务成本/主营业务收入 − 应付工资总额 − 当年折旧 + 财务费用"对中间投入指标进行测算，进而利用上述会计核算准则得到工业增加值。其中，2008~2009 年数据库中"应付职工薪酬"以及"当年折旧"指标缺失，需要对此进行估计。

具体来讲，对于应付工资总额指标，本书参照安礼伟和蒋元明（2020）方法，根据企业二位数行业代码，利用各省份相应二位数行业平均工资水平与企业从业人数相乘，得到工资支付的近似结果。其中，各省份分行业平均工资水平数据来源于《中国劳动统计年鉴》。对于当年折旧指标，本书采用"固定资产原价（上一年）×折旧率"计算当年折旧，其中关于折旧率指标，考虑到不同细分行业的企业折旧率间差异较大，若使用统一折旧率指标可能带来较大估计偏差，因此，本书参考余淼杰等（2018）的方法，根据《中国工业统计年鉴》中提供的各二位数行业折旧指标计算行业层面的折旧率，进而估计出企业的当年折旧指标。

根据上述步骤，本书得到了 2003~2013 年企业工业增加值、中间投入指标。接下来，运用各二位数行业工业品出厂价格指数①将工业增加值平减至 2003 年水平；根据投入产出表所提供的直接消耗系数对各行业的出厂价格指数进行加权平均，从而得到中间投入价格指数，对中间投入指标进行平减处理。

此外，关于企业资本投入指标，本书采用固定资产总值进行衡量，并通过固定资产投资价格指数对其进行平减处理。关于劳动力投入指标，本书采用企业从业人数进行衡量。由此，利用上述指标，本书分别通过 LP 法和 GMM 法对 2003~2013 年工业企业的全要素生产率进行测算，并选用其对数值参与回归。

②核心解释变量：政策交互项 $treat_i \times post_t$。工业用地市场化改革开始于 2007 年，$treat_i$ 和 $post_t$ 分别表示政策分组虚拟变量和时间虚拟变量。当企业通

---

① 2011 年，此指标的名称改为"工业生产者出厂价格指数"。

过市场化方式购地时，$treat_i = 1$，否则取 0；当 $t \geq 2007$ 时，$post_t = 1$，否则取 0。

③控制变量：在控制变量的选取上，本书参考当前研究企业全要素生产率的文献，一方面，考虑可能影响分组的因素，另一方面，考虑可能影响企业全要素生产率的因素，进一步加入模型中进行控制，具体包括：

企业层面：企业规模（lnscale），通过企业总资产的对数值衡量；企业类型（type），根据企业所有制类型分为国有企业和非国有企业，并将非国有企业作为基准组构建虚拟变量；资本密集度（lncapital_intensity），通过企业固定资产总值与从业人数之比的对数值衡量；资产负债率（lnliabilities_rate），通过企业总负债与总资产之比衡量；资产流动比（asset_flow_ratio），通过"企业流动资产合计/（流动资产合计 + 固定资产合计）"进行衡量；管理费用率（administrative_rate），通过企业当年管理费用与主营业务收入之比衡量。

地区层面：地区人均生产总值（lnpgdp），等于企业所在城市人均生产总值的对数值；城市规模（lnpop），采用城市总人口的对数值衡量；平均工资水平（lnwage），采用企业所在城市平均职工工资的对数值衡量。

在识别机制上，双重差分模型要求"政策的外生性"，即政策实施项和时间交乘项与随机扰动项不相关，具体来讲，包括以下两个方面：第一，要求工业用地市场化改革的发生时间具有随机性。此次工业用地的市场化配置改革是中央层面的统一实施，不存在地方层面的预期效应，因此可以认为工业用地市场化改革的发生时间具有"外生性"。当然，本书也将在模型中控制年份固定效应，并且在稳健性检验部分，通过政策执行前的安慰剂检验，实证检验在工业用地市场化改革实施之前，是否存在个体的预期效应。第二，要求实验组和对照组符合共同趋势假设，即在没有政策冲击之前，实验组和对照组是按照相同的趋势发展的。对此，本书参考当前文献的普遍做法，运用回归方法检验双重差分模型的适用性问题。借鉴部分学者（Li et al.，2016）的研究方法，引入政策分组变量与政策出台前后各年份虚拟变量的交乘项，以检验此项改革的事前平行趋势。具体估计方程如下所示：

$$\text{lntfp}_{it} = \alpha_0 + \sum_{s \geq -3}^{6} \beta_s treat_i \times year_s + \sum \delta controls_{it} + \eta_i + \gamma_t + \varepsilon_{it} \quad (7.2)$$

其中，$treat_i$ 仍为分组变量，$year_s$ 为各年份的哑变量，$year_0$ 表示工业用地市场化改革实施当年，即 2007 年，而当 $s < 0$ 时，$year_s$ 代表政策实施前 s 年，当 $s > 0$ 时，则表示实施后 s 年。由于样本数据的时间维度为 2003 ~ 2013 年，这里将政策实施前第 4 年（2003 年）作为基准组，将其他年份的哑变量及分组变量交乘项引入方程中。

此外，本书还通过倾向得分匹配—双重差分法进行稳健性估计。具体而言，本书通过倾向得分匹配法为处理组找到与其特征最为相似的对照组，进而利用匹配之后的处理组和对照组进行双重差分估计。

2. 异质性回归模型

为进一步检验工业用地市场化改革的政策效果是否存在异质性差异，本书在基准回归模型的基础上，从企业层面、行业层面、区域层面三个维度构建如下异质性回归模型：

$$lntfp_{it} = \alpha_0 + \alpha_1 treat_i \times post_t + \alpha_2 treat_i \times post_t \times comp_i +$$
$$\alpha_3 comp_i + \sum \delta controls_{it} + \eta_i + \gamma_t + \varepsilon_{it} \tag{7.3}$$

$$lntfp_{it} = \alpha_0 + \alpha_1 treat_i \times post_t + \alpha_2 treat_i \times post_t \times ind_i +$$
$$\alpha_3 ind_i + \sum \delta controls_{it} + \eta_i + \gamma_t + \varepsilon_{it} \tag{7.4}$$

$$lntfp_{it} = \alpha_0 + \alpha_1 treat_i \times post_t + \alpha_2 treat_i \times post_t \times region_i +$$
$$\alpha_3 region_i + \sum \delta controls_{it} + \eta_i + \gamma_t + \varepsilon_{it} \tag{7.5}$$

首先，通过式（7.3）检验工业用地市场化改革对不同企业的异质性影响效果。这里 $comp_i$ 表示企业类型（$type_i$）、企业规模（$lnscale_i$）的代理变量。在企业类型方面，本书根据企业所有制类型，将工业企业分为国有企业和非国有企业，当企业为国有企业时，$type_i$ 取 1，否则取 0；在企业规模方面，本书根据企业资产总计来衡量企业规模。

其次，通过式（7.4）考察工业用地市场化改革在不同行业间的异质性影响。中国现代工业体系门类齐全，不同细分行业下的企业对土地要素投入的依赖度差别较大，因此在考察工业用地市场化改革对企业全要素生产率的影响时，需要细分不同行业对影响效果进行异质性分析。由此，本书参考李力行等（2016）的做法获取二位数行业的土地依赖程度，表示为 $ind_i$，以探究工业用地市场化改革对不同行业的影响差异。

最后，通过式（7.5）考察工业用地市场化改革的政策冲击在不同地区间的异质性影响。本书将全国分为东部、中部、西部、东北四个区域，并将东部地区作为基准组，从而探究工业用地市场化改革对不同地区的影响差异。

3. 中介效应模型

土地政策是通过何种渠道作用于工业企业，达到生产效率的提升？根据理论机制分析，采用中介效应模型，从资源配置机制和技术创新机制两个方面，探究工业用地市场化改革对全要素生产率的作用机理。中介效应模型如下所示：

$$\text{lntfp}_{it} = \alpha_0 + \alpha_1 \text{treat}_i \times \text{post}_t + \sum \delta \text{controls}_{it} + \eta_i + \gamma_t + \varepsilon_{it} \tag{7.6}$$

$$M_{it} = \lambda_0 + \lambda_1 \text{treat}_i \times \text{post}_t + \sum \varpi \text{ controls}_{it} + \eta_i + \gamma_t + \varepsilon_{it} \tag{7.7}$$

$$\text{lntfp}_{it} = \psi_0 + \psi_1 \text{treat}_i \times \text{post}_t + \theta M_{it} + \sum \zeta \text{controls}_{it} + \eta_i + \gamma_t + \varepsilon_{it} \tag{7.8}$$

其中，下标 i 表示企业，下标 t 表示年份。被解释变量为企业全要素生产率的对数值（$\text{lntfp}_{it}$），核心解释变量为工业用地市场化改革的代理变量（$\text{treat}_i \times \text{post}_t$），中介变量为 $M_{it}$，包括高/低生产率企业购地面积（$\text{cont\_high}_{it}$、$\text{cont\_low}_{it}$）、企业技术创新水平（$\text{patent}_{it}$）。

在此中介效应模型中，$\alpha_1$ 为工业用地市场化改革对全要素生产率的总影响效应，$\psi_1$ 为改革的直接效应，$\lambda_1 \times \theta$ 为中介效应。根据中介效应模型的检验方法，首先检验 $\alpha_1$、$\lambda_1$、$\theta$ 的显著性，若回归中 $\alpha_1$、$\lambda_1$、$\theta$ 均显著，则间接效应显著，需要进一步检验 $\psi_1$；若 $\psi_1$ 系数估计值不显著，说明直接效应不显著，只存在中介效应；而若 $\psi_1$ 显著，则进一步比较 $\lambda_1 \times \theta$ 与 $\psi_1$ 的符号：若同号，则属于部分中介效应，若异号，则属于遮掩效应。若回归中 $\alpha_1$ 显著，而 $\lambda_1$、$\theta$ 至少有一个不显著，则需要通过 Bootstrap 法直接检验 $H_0: \lambda_1 \times \theta = 0$。

本书所选取的中介变量包括以下两个：

①高生产率企业购地面积（cont_high$_{it}$）和低生产率企业购地面积（cont_low$_{it}$）。根据理论预期，工业用地市场化改革会使有限的土地资源被更多地配置给高效率企业，促进土地资源的优化配置，进而实现企业整体生产效率的提升。由此，本书首先通过上四分位数和下四分位数识别了高生产率企业和低生产率企业，进而通过测算"高生产率企业购地面积"和"低生产率企业购地面积"，通过比较城市内两类企业在面对改革冲击的过程中所购土地面积的变化，以检验工业用地市场化改革能否通过促进土地资源优化配置进而推动企业全要素生产率的提升。

②企业技术创新水平（patent$_{it}$）。当前文献中衡量技术创新水平的指标主要包括企业研发投入和专利产出两种，而由于工业企业数据库中研发投入指标存在部分年份的缺失，且相比于研发投入，创新产出更能够直观体现企业的创新水平（余明桂等，2016）。因此，本书选用"ln（专利授权数 + 1）"衡量企业的技术创新水平。

需要说明的是，由于高/低生产率企业购地面积（cont_high$_{it}$、cont_low$_{it}$）的测算过程涉及企业购地面积指标，而这一指标在2007年市场化改革之后才能够观测得到，因此在这两个机制的中介效应检验中，基准回归的解释变量并未采用上述treat$_i$×post$_t$指标，而是采用各城市工业用地市场化出让面积占比（market$_{it}$）衡量市场化程度。

### 7.1.2　数据说明

本书主要使用匹配后的2003～2013年工业企业土地交易数据库进行微观样本的研究。基础数据库主要包括两个。

一是工业用地交易数据库，数据来自中国土地市场网所公布的工业用地交易信息。自市场化改革以来，每笔土地交易的具体信息都需要在中国土地市场网上进行公示，本书人工收集了该网站2007～2019年所提供的工业用地出让公告以及结果公告数据，具体指标包括供地方式、土地来源、土地面积等。

　　二是中国工业企业数据库。这一数据库由国家统计局发布，包括全部国有工业企业及规模以上非国有工业企业的生产及经营信息，如流动资产、固定资产、长期投资、工业总产值等。利用工业企业数据库，本书搜集到2003～2013 年工业企业的基本情况及财务数据，每年超过 30 万家企业。

　　综合上述工业用地交易信息及企业信息，本书将二者进行匹配。考虑到企业进入退出以及数据库统计口径导致的样本选择问题，本书将分析样本设置为 2003～2013 年长期存续的工业企业，从而得到 2003～2013 年的工业企业土地交易数据库。

　　需要说明的是，在后续机制检验部分，涉及通过专利数据对企业技术创新水平进行衡量。为获取工业企业的专利数据，本书在中国微观经济数据查询系统中获取创新企业数据库。该数据来源为国家知识产权局，其提供 1998～2013 年中国规模以上工业企业的专利申请和专利授权数据。接下来，将上述专利数据进一步匹配至土地交易数据库中，最终得到包含专利信息的企业土地交易数据库。

　　此外，为了控制区域经济环境的影响，本书根据宗地所在城市名称，将统计年鉴中的城市宏观经济数据匹配至数据库中作为控制变量。

　　在数据处理方面，本书进行了统一行业代码、删除样本异常值两方面处理。首先，工业企业数据库中提供了每个企业的四位数行业代码，但由于国民经济行业分类标准在 2011 年重新进行了修订，因此需要对相应行业代码进行统一。经过对比工业企业数据库中 2011～2013 年的行业代码，发现仅有2013 年的企业行业代码按照新的分类标准进行统计，由此，本书根据行业分类标准的变化，将 2013 年企业的四位数行业代码转换为 2003～2012 年代码标准。其次，在指标异常值剔除方面，本书借鉴现有文献的处理方式（聂辉华等，2012），剔除总产值、工业增加值、中间投入、主营业务收入、主营业务成本、当年折旧、固定资产原价、固定资产总计非正的数据，剔除从业人数少于 8 人的数据，剔除土地面积非正的数据，剔除其他关键指标的异常数据并进行缩尾处理。同时，利用 GDP 平减指数将地区人均生产总值平减至 2003年水平，利用 CPI 平减指数将其他价格类变量平减至 2003 年水平。

表 7 - 1 给出了主要变量的描述性统计结果。描述性统计显示，通过 LP 法测算的企业全要素生产率的对数值（lntfp）均值为 6.7364，标准差为 1.0666，这与当前通过 LP 方法，利用工业企业数据库测算企业全要素生产率的其他文献结果相差较小，证明本书估算结果较为合理（张天华、张少华，2016）。

表 7 - 1　　　　　　　　主要变量的描述性统计

| 变量 | 平均值 | 标准差 | 最小值 | 最大值 |
|---|---|---|---|---|
| 全要素生产率（lntfp） | 6.7364 | 1.0666 | 0.6321 | 11.9696 |
| 企业规模（lnscale） | 11.4619 | 1.7314 | 5.5215 | 19.2091 |
| 资本密集度（lncapital_intensity） | 4.1046 | 1.2057 | -3.7013 | 11.8748 |
| 资产负债率（liabilities_rate） | 0.7171 | 1.0223 | 0 | 26.5925 |
| 资产流动比（asset_flow_ratio） | 0.6171 | 0.2025 | 0.0039 | 0.9994 |
| 管理费用率（administrative_rate） | 0.0532 | 0.0563 | 0.00003 | 2.6240 |
| 地区人均生产总值（lnpgdp） | 10.2402 | 0.6800 | 4.2779 | 12.6084 |
| 城市规模（lnpop） | 6.2250 | 0.5401 | 3.3925 | 8.1192 |
| 平均工资水平（lnwage） | 10.1059 | 0.4117 | 8.6860 | 11.2161 |

## 7.2　市场化改革对企业全要素生产率的影响

### 7.2.1　基准回归分析

首先，本书通过双重差分法探究工业用地市场化改革的实施对企业全要素生产率的综合影响。对式（7.1）进行估计，回归结果如表 7 - 2 所示。其中，第（1）列为只加入政策交乘项并同时控制年份固定效应和个体固定效应的回归结果。结果显示，工业用地市场化改革对全要素生产率有显著的正向影响。第（2）列在第（1）列的基础上增加了企业层面的控制变量，第（3）

列进一步增加了地区层面的控制变量，工业用地市场化改革对全要素生产率的正向影响虽然较第（1）列有所下降，但仍然显著为正。根据第（3）列的基准回归结果，工业用地市场化改革的实施能够显著提升企业的全要素生产率，且这一效应在1%的显著性水平上成立。

表 7 - 2　　　　　　　　　　　　　基准回归结果

| 变量 | 全要素生产率（lntfp） | | |
|---|---|---|---|
| | （1） | （2） | （3） |
| treat_post | 0. 1446 *** (0. 0176) | 0. 1047 *** (0. 0168) | 0. 1074 *** (0. 0169) |
| type | | 0. 0090 (0. 0281) | 0. 0106 (0. 0281) |
| lnscale | | 0. 2581 *** (0. 0102) | 0. 2583 *** (0. 0102) |
| asset_flow_ratio | | 0. 2426 *** (0. 0371) | 0. 2404 *** (0. 0372) |
| lncapital_intensity | | - 0. 0276 *** (0. 0082) | - 0. 0292 *** (0. 0082) |
| liabilities_rate | | 0. 0507 *** (0. 0042) | 0. 0505 *** (0. 0042) |
| administrative_rate | | - 1. 8707 *** (0. 1824) | - 1. 8479 *** (0. 1811) |
| 地区层面控制变量 | 否 | 否 | 是 |
| 年份固定效应 | 是 | 是 | 是 |
| 个体固定效应 | 是 | 是 | 是 |
| 样本量 | 26 653 | 26 653 | 26 653 |
| $R^2$ | 0. 7918 | 0. 8065 | 0. 8066 |

注：*、**、***分别代表参数估计值在10%、5%、1%的水平上显著，括号内为标准误。

控制变量的回归结果也符合理论预期。企业类型（type）对全要素生产率的影响不显著，而企业规模（lnscale）对全要素生产率的影响显著为正，说明整体上企业的资产规模是影响生产效率的重要因素。资产流动比（asset_flow_ratio）的影响显著为正，说明企业资产流动性越高，资金充裕程度越高，生产效率越高。资本密集度（lncapital_intensity）的影响显著为负，说明企业资本密集度的提升将带来生产效率的下降。资产负债率（liabilities_rate）的影响显著为正，说明随着企业资产负债率的提升，生产效率将进一步增强。其原因可能是负债率水平能够在一定程度上反映企业融资能力。其值越大，企业融资能力越强，生产效率将随之提升（肖文、薛天航，2019）。管理费用率（administrative_rate）的影响显著为负，说明随着企业单位收入所需管理费用的降低，企业生产效率随之提高。

综上所述，基准回归结果表明，工业用地市场化改革能够显著提升企业的全要素生产率。

## 7.2.2 异质性回归分析

在我国，工业企业的行业跨度大，分布地域广，企业的经营属性、行业环境及所在地区均会导致政策效果存在差异，基于此，本书进一步从以下三个方面对政策影响进行异质性分析。

1. 企业层面的异质性分析

本书在基准回归的基础之上，从企业类型、企业规模两方面探讨政策冲击的企业异质性影响。

首先，从企业所有制类型的角度来看，国有企业和非国有企业长期以来存在着不同的企业生产决策机制和要素投入预算机制，二者在土地要素方面的约束不尽相同，这可能会导致工业用地市场化改革的效果存在差异。由此，本书将样本划分为国有和非国有企业，以非国有企业作为基准组构建哑变量，将其与改革变量的交叉项引入模型中，同时也控制该变量参与回归，回归结果列在表7-3第（1）列。结果显示，企业类型与政策交乘项（treat_post × type）的系数并不显著，这表明国有企业和非国有企业受到政策冲击后并未表现出显著的异质性差异，工业用地市场化改革的效果不会受企业所有制类型的影响。这进一步验证工业用地市场化改革对生产效率的作用效果。

其次，表 7-3 中第（2）列的回归结果显示，企业规模项（lnscale）的系数显著为正，而其与政策交乘项（treat_post×lnscale）的系数显著为负，这表明企业资产规模的增加能够显著提升全要素生产率，在改革的影响下，资产规模较大的企业，全要素生产率的提升效果较小。可能的原因是，市场化改革驱动企业提升生产效率的重要途径是竞争压力及成本压力。在改革背景下，一方面，公开、公平、公正的购地环境令企业间的竞争压力越来越大，在选择效应的作用下，企业将通过不断提升生产技术等方式，提高生产效率以免被淘汰；另一方面，工业用地的价格持续攀升，企业购地成本的上涨也将激励企业合理利用土地资源，实现生产率的提升。但相较于规模较小的企业，规模较大的企业本身生产效率就比较高，并且其资金相对充裕，所受到的竞争压力及选择效应冲击相对较小。因此，工业用地市场化改革对规模较小企业的生产效率提升效果更强。

2. 行业层面的异质性分析

虽然土地是企业生产经营的必要生产要素之一，但不同行业对于土地的依赖程度存在差异，这有可能影响工业用地市场化改革对企业生产率的政策效应。因此，本书在行业层面的检验主要通过土地依赖程度指标（ind）来实现。由于中国工业企业数据库中不包含企业的占地面积指标，很难直接衡量企业的土地依赖程度，因此，本书参考李力行等（2016）的测算方式，利用世界银行企业投资与经营环境调查中土地相关税收的数据，以衡量行业对于土地的依赖程度。若某行业的土地相关税收与其固定资产规模相关性较强，则表明该行业的发展对土地资源较为依赖。将各二位数行业土地依赖程度指标与改革变量的交乘项引入模型中，并同时控制各自变量本身，回归结果如表 7-3 第（3）列所示。

根据回归结果，行业土地依赖程度指标（ind）系数估计值显著为正，说明相较于土地依赖程度较小的行业，依赖程度较大行业的企业全要素生产率更高。而该指标与政策变量交乘项（treat_post×ind）的系数估计值为

-0.1730，且在1%的水平上显著，说明工业用地市场化改革对土地依赖程度较小行业的政策冲击更大。其原因可能是，市场化改革带来土地要素成本不断攀升，对于土地依赖程度比较大的行业，生产要素的替代弹性低，在面临市场化改革时往往无法及时调整要素投入比例，而对于土地依赖程度小的行业，生产要素替代弹性较大，在面临市场化改革后可以及时将有限的生产资源用于资本等其他要素投入，实现对土地要素的替代，因此改革对于土地依赖程度小的企业作用更大。

3. 地区层面的异质性分析

本书将全国划分为东、中、西、东北四大区域，并将东部地区作为对照组，将其他三个区域的哑变量及其与政策变量交乘项引入模型中，回归结果列在表7-3第（4）列。

根据回归结果，东北地区代理变量与政策变量交乘项（treat_post_north_east）的系数为0.1065，在1%的水平上显著为正，西部地区代理变量与政策变量交乘项（treat_post_west）的系数为0.0595，在5%的水平上显著为正。这表明，工业用地市场化改革对东北地区及西部地区企业全要素生产率的提升作用显著高于东部地区。

表7-3                                          异质性分析结果

| 变量 | 全要素生产率（lntfp） | | | |
|---|---|---|---|---|
| | （1） | （2） | （3） | （4） |
| treat_post | 0.1094***<br>(0.0171) | 0.6296***<br>(0.0560) | 0.1931***<br>(0.0245) | 0.0912***<br>(0.0174) |
| treat_post × type | -0.0229<br>(0.0314) | | | |
| type | 0.0197<br>(0.0310) | | -0.0036<br>(0.0349) | 0.0101<br>(0.0281) |
| treat_post × lnscale | | -0.0448***<br>(0.0046) | | |

续表

| 变量 | 全要素生产率（lntfp） | | | |
|---|---|---|---|---|
| | （1） | （2） | （3） | （4） |
| lnscale | | 0.2756 ***<br>(0.0103) | 0.2851 ***<br>(0.0120) | 0.2590 ***<br>(0.0102) |
| treat_post × ind | | | − 0.1730 ***<br>(0.0271) | |
| ind | | | 0.2230 ***<br>(0.0302) | |
| treat_post_medium | | | | 0.0095<br>(0.0306) |
| treat_post_north_east | | | | 0.1065 ***<br>(0.0367) |
| treat_post_west | | | | 0.0595 **<br>(0.0270) |
| 企业层面控制变量 | 是 | 是 | 是 | 是 |
| 地区层面控制变量 | 是 | 是 | 是 | 是 |
| 年份固定效应 | 是 | 是 | 是 | 是 |
| 个体固定效应 | 是 | 是 | 是 | 是 |
| 样本量 | 26 653 | 26 653 | 25 901 | 26 653 |
| $R^2$ | 0.8066 | 0.8074 | 0.6937 | 0.8067 |

注：*、**、***分别代表参数估计值在10%、5%、1%的水平上显著，括号内为标准误。第（4）列由于在回归中控制了固定效应及城市层面的相关变量，导致地区哑变量被吸收掉了，故没有汇报估计结果。

究其原因，对于东部地区而言，其长期以来都是全国经济发展水平较高的地区，从该地区成长起来的企业相对而言生产水平普遍偏高。与此同时，东部地区的城市市场化程度更高，因此，工业用地市场化改革对东部地区企业生产效率的提升作用相对较小。反观东北地区及西部地区，一方面，东北地区作为老工业基地，在改革之前，其工业基础条件好但协议出让土地的宗数较多，土地要素市场化水平相较于东部地区整体偏低，在全面振兴东北老工业基地的背景下，地方政府在强化土地市场的规范化方面具备更强的动力；另一方面，就西部地区而言，相较于东部沿海地区，西部地区工业化进程相对较慢，加之缺乏良好的工业基础，因此，市场化改革的冲击对西部地区企业生产效率的提升相对更强。

以上结果表明，工业用地市场化改革的政策激励效果存在地区差异性，在后续政策深化的过程中需要因地制宜，制定更具有针对性的政策措施。

### 7.2.3　模型识别假定检验

根据上文的分析结果，工业用地市场化改革能够有效提升企业的全要素生产率。值得注意的是，为使核心解释变量尽可能满足条件独立分布假设，书中尽可能控制了影响政策效果的其他因素，但仍然存在遗漏变量导致估计出现偏误的可能。因此，在这一部分进行模型识别假定检验，以保证前文双重差分法识别策略的可靠性。

1. 双重差分法的平行趋势检验

平行趋势假定是利用双重差分模型估计政策效应的前提，即在工业用地市场化改革冲击之前，处理组企业和对照组企业的全要素生产率在时间维度上保持基本平行的趋势。由此，本书借鉴部分学者（Li et al.，2016）的研究方法，根据式（7.2），通过引入政策分组变量与政策出台前后各年份虚拟变量的交乘项，检验工业用地市场化改革的事前平行趋势及动态效应。回归结果如表7-4所示。

表7-4　　　　　　　模型识别假定检验：平行趋势检验

| 变量 | 全要素生产率（lntfp） |
| --- | --- |
| treat_year 2004 | -0.0182<br>(0.0438) |
| treat_year 2005 | -0.0004<br>(0.0410) |

续表

| 变量 | 全要素生产率（lntfp） |
|---|---|
| treat_year 2006 | 0.0400<br>(0.0396) |
| treat_year 2007 | 0.0865 **<br>(0.0404) |
| treat_year 2008 | 0.0692 *<br>(0.0374) |
| treat_year 2009 | 0.0725 *<br>(0.0378) |
| treat_year 2010 | 0.1522 ***<br>(0.0355) |
| treat_year 2011 | 0.1513 ***<br>(0.0377) |
| treat_year 2012 | 0.1379 ***<br>(0.0393) |
| treat_year 2013 | 0.1221 ***<br>(0.0386) |
| 企业层面控制变量 | 是 |
| 地区层面控制变量 | 是 |
| 年份固定效应 | 是 |
| 个体固定效应 | 是 |
| 样本量 | 26 653 |
| $R^2$ | 0.8067 |

注：*、**、*** 分别代表参数估计值在 10%、5%、1% 的水平上显著，括号内为标准误。

从表 7 - 4 的回归结果可以看出，在工业用地市场化改革出台前，回归系数均不显著，而在改革出台当年及之后的年份中，回归系数均显著为正。这一结果表明，上文中所使用的双重差分模型通过了平行趋势检验。与此同时，观察 2007 ~ 2013 年系数估计值可以发现，系数整体呈现先上升后下降的趋势，这表明工业用地市场化改革的政策影响存在时间上的持续性，并且政策效果存在先逐步增强，至 2010 年政策冲击系数估计值达到最高后逐步减弱的趋势。

2. 政策执行之前的安慰剂检验

根据前文的检验结果，本书采用双重差分法进行政策效应评估，满足平行趋势假定，但由于工业用地市场化改革这项政策冲击并非完全的随机实验，仍需要对处理组及对照组在政策冲击之前的趋势进行检验。工业用地市场化改革如果满足条件独立性要求，则在政策实施之前应不会对企业全要素生产率产生影响。

由此，本书选用政策执行前的样本（2003～2006 年）参与回归，并将政策的实施时间提前至 2005 年进行实证检验，回归结果如表 7－5 所示。根据结果，在政策执行之前，政策交乘项（treat_post）的系数估计值较小，且并不显著，这表明本书政策执行符合条件外生性要求。

表 7－5　　　　　模型识别假定检验：政策执行前的安慰剂检验

| 变量 | 全要素生产率（lntfp） |
| --- | --- |
| treat_post | 0.0261<br>（0.0241） |
| 企业层面控制变量 | 是 |
| 地区层面控制变量 | 是 |
| 年份固定效应 | 是 |
| 个体固定效应 | 是 |
| 样本量 | 9 692 |
| $R^2$ | 0.8512 |

注：*、**、***分别代表参数估计值在 10%、5%、1%的水平上显著，括号内为标准误。

3. 随机抽样分组的安慰剂检验

为进一步检验其他非观测遗漏变量是否会影响政策评估效果，本书通过随机抽样作为处理组的方式进行检验。具体思路如下：

根据基准回归方程式，$treat_i \times post_t$ 系数的估计值 $\hat{\alpha}_1$ 的表达式为：

$$\hat{\alpha}_1 = \alpha_1 + \varphi \frac{cov(treat_i \times post_t, \ \varepsilon_{it} | control)}{var(treat_i \times post_t | control)} \qquad (7.9)$$

在式（7.9）中，control 表示控制变量，若要保证估计值 $\hat{\alpha}_1$ 为无偏估计，则需要 $\varphi = 0$。但由于在这里无法直接得知 $\varphi$ 是否为 0，因此本书通过计算机模拟的方式保证 $treat_i \times post_t$ 不会对被解释变量产生影响（即保证 $\alpha_1 = 0$），在此条件下，若仍能估计出 $\hat{\alpha}_1 = 0$，则能够反推出 $\varphi$ 为 0。

由此，根据上述思路，本书从总样本中随机抽取了实验组及对照组，替代处理变量 treat 进行模型估计，得到 $treat_i \times post_t$ 的系数估计值。其次，将这一随机过程重复 500 次，得到估计系数的核密度估计值，分布图如图 7-1 所示。从图中可以发现，通过随机处理后的系数估计值集中分布在 0 附近，且基准回归的估计结果 0.1074 处于整个分布之外，因此能够反推出 $\varphi = 0$，证明不存在其他随机因素影响本书的估计结果，工业用地市场化改革对于企业全要素生产率的提升作用确实是显著存在的。

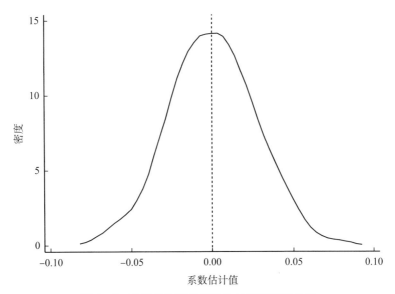

图 7-1　随机处理后的系数估计值核密度分布

# 7.3 其他稳健性检验

## 7.3.1 倾向得分匹配双重差分法

为保证上述实证结果的稳健性，本书在模型识别假定检验的基础之上，进一步利用倾向得分匹配—双重差分法（PSM - DID）检验工业用地市场化对全要素生产率的影响效果。由于倾向得分匹配能够解决样本的选择偏误问题，而双重差分法能够降低随时间变化的遗漏变量所带来的内生性，因此二者相结合的 PSM - DID 方法能够更为精准地估计工业用地市场化改革的政策冲击效果。

具体的做法是，首先将政策冲击分组变量对相应控制变量进行 logit 回归，估计各企业位于处理组的概率。其次，通过 k 近邻匹配方法（k = 4）将处理组和对照组个体进行匹配，使二者在工业用地市场化改革实施之前没有显著差异，以降低政策实施时的样本选择偏差所导致的内生性问题。其中参与匹配的样本数量为 26 644，仅 9 个样本未参与匹配。最后，通过双重差分法检验市场化改革的实施对全要素生产率的净影响。

倾向得分匹配—双重差分的回归结果如表 7 - 6 第（1）列所示。根据回归结果，政策交乘项（treat_post）的系数估计值为 0.1058，且在 1% 的水平上显著，这表明在利用倾向得分匹配—双重差分的方法后，工业用地市场化改革显著提升了企业的全要素生产率。PSM - DID 的回归结果与前文基准回归的结果一致，进一步验证了实证结果的稳健性。

此外，作为标准化处理步骤，本书对匹配后的样本进行了平衡性检验，图 7 - 2 汇报了各个变量的标准化偏差在匹配前后的变化，从图中可以发现，匹配后相关变量的标准化偏差明显缩小，均小于 10%，并且变量的 t 检验均通过，证明满足平衡性检验。

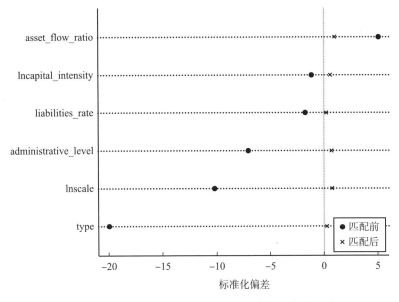

**图 7 - 2　处理组与对照组匹配前后各变量平衡性检验**

### 7.3.2　剔除其他政策干扰的检验

经笔者查找与分析，在 2007 年之前不存在其他土地政策对工业用地及工业企业的生产效率产生直接影响。虽然 2002 年国土资源部接连发布两项规定，要求商业、旅游、娱乐和商品住宅等经营性土地使用权以招标、拍卖或者挂牌方式出让，但其影响主体为经营性用地，并非工业用地。而在工业用地市场化改革后，2008 年中央政府为应对全球金融危机带来的冲击实施了刺激计划，以扩大内需，稳定国内经济增长。相应地，各级部门及地方政府也纷纷推出刺激措施。例如，2008 年 11 月，国土资源部颁布《关于为扩大内需促进经济平稳较快发展做好服务和监管工作的通知》，提出要"简化审批手续，优化审批程序，认真做好项目用地的保障和服务"。随后，2009 年 5 月国土资源部又出台了《国土资源部关于调整工业用地出让最低价标准实施政策的通知》，对《全国工业用地出让最低价标准》的实施政策进行适当调整，部分工业项目可以按照不低于所在地土地等别相对应《全国工业用地出让最低价标准》的70%确定土地出让底价。这些措施将影响企业的土地投资行为。其中，国有企业由于肩负着稳定经济的政策目标，成为了刺激计划的重要作用主体。相关文献指出，刺激计划通过影响国有企业的土地投资行为，增加对国有企业的土地出让面积，进而拉动国有企业投资规模，最终影响宏观经济（杨继东等，2016）。而这将进一步对工业用地配置效率及国有企业的生产行为产生影响。由此，为准确识别工业用地市场化改革的实施效果，本书剔除了上述刺激计划中的重要作用主体——国有企业样本数据，回归结果如表7-6第（2）列所示。政策交乘项的系数估计值在1%的水平上显著为正，说明在剔除可能产生影响的政策干扰后，结论依然稳健。

### 7.3.3 控制变量滞后一期的检验

由于回归模型中所包含的解释变量可能与工业用地市场化改革之间存在反向作用效果，为了尽可能降低内生性带来的影响，本书将控制变量进行滞后一期处理并重新参与回归，回归结果见表7-6第（3）列。

根据回归结果，政策交乘项（treat_post）的系数估计值为0.1193，且在1%的水平上显著，这与基准回归结果保持一致，再次验证了本书结论的稳健性。

### 7.3.4 更换 TFP 测算方法的检验

本书基准回归部分所使用的全要素生产率指标是通过 LP 法测算而来的，为保证指标测算方面的稳健性，这里换用 GMM 法测算企业的全要素生产率，并将测算而来的指标参与回归，结果如表7-6第（4）列所示。

结果显示，在将被解释变量更换为 GMM 测度后，政策交乘项（treat_post）的系数依然在1%的水平上显著为正，与基准回归结果保持一致。

表 7 - 6                               其他稳健性检验

| 变量 | 全要素生产率（lntfp） | | | |
|---|---|---|---|---|
| | （1）<br>PSM – DID | （2）<br>剔除其他政策干扰 | （3）<br>控制变量滞后一期 | （4）<br>GMM 法测算 TFP |
| treat_post | 0. 1058 ***<br>（0. 0169） | 0. 0929 ***<br>（0. 0185） | 0. 1193 ***<br>（0. 0195） | 0. 0787 ***<br>（0. 0173） |
| 企业层面控制变量 | 是 | 是 | 是 | 是 |
| 地区层面控制变量 | 是 | 是 | 是 | 是 |
| 年份固定效应 | 是 | 是 | 是 | 是 |
| 个体固定效应 | 是 | 是 | 是 | 是 |
| 样本量 | 26 644 | 24 265 | 24 230 | 26 653 |
| $R^2$ | 0. 8068 | 0. 7899 | 0. 8079 | 0. 6407 |

注：*、**、*** 分别代表参数估计值在 10%、5%、1% 的水平上显著，括号内为标准误。

## 7.4 市场化改革对企业全要素生产率的影响机制

### 7.4.1 资源配置机制

检验工业用地市场化改革能否通过促进土地资源的优化配置，进而提升企业的全要素生产率。根据理论分析，有效的市场机制将在企业间形成优胜劣汰效应，促使有限的土地要素更多地被分配给生产效率较高的企业，进而实现全要素生产率的提升。由此，本书测算了"高生产率企业购地面积（cont_high）"和"低生产率企业购地面积（cont_low）"两个指标参与回归。

高生产率企业购地面积的中介效应回归结果体现在表 7 - 7 中。

表 7 - 7 　　　　　 中介效应检验：资源配置机制（高生产率企业视角）

| 变量 | 全要素生产率<br>（lntfp） | 高生产率企业购地面积<br>（cont_high） | 全要素生产率<br>（lntfp） |
|---|---|---|---|
| | （1） | （2） | （3） |
| market | 0.0629 **<br>（0.0290） | 0.0171 ***<br>（0.0061） | 0.0617 **<br>（0.0290） |
| cont_high | | | 0.0733 **<br>（0.0318） |
| 企业层面控制变量 | 是 | 是 | 是 |
| 地区层面控制变量 | 是 | 是 | 是 |
| 年份固定效应 | 是 | 是 | 是 |
| 个体固定效应 | 是 | 是 | 是 |
| 样本量 | 14 629 | 14 629 | 14 629 |
| $R^2$ | 0.8610 | 0.3034 | 0.8611 |

注：*、**、*** 分别代表参数估计值在10%、5%、1%的水平上显著，括号内为标准误。

首先，表7-7中第（1）列汇报了工业用地市场化程度指标（market）对企业全要素生产率的回归结果，市场化水平的提高能够显著提升企业的全要素生产率，与前文结果一致。第（2）列汇报了市场化程度（market）对高生产率企业购地面积（cont_high）的回归结果。结果显示，市场化程度指标（market）对高效率企业购地面积（cont_high）的回归系数在1%的水平上显著为正，这表明工业用地市场化改革能够显著提升高效率企业的购地面积。第（3）列的结果显示，在将购地面积指标（cont_high）与市场化程度指标（market）同时进行回归后，二者对全要素生产率的回归系数均显著为正，这表明从高生产率企业视角来看，资源配置机制成立，即工业用地市场化改革能够通过提升高效率企业的购地面积，进而实现提升全要素生产率的目的。

其次，低生产率企业购地面积的回归结果汇报在表7-8中。第（2）列的回归结果显示，市场化程度指标（market）对低生产率企业购地面积（cont_low）的回归系数显著为负，表明随着工业用地市场化水平的提升，低生产率企业的购地面积显著下降。而第（3）列的回归结果显示，低生产率企业购地面积（cont_low）对企业全要素生产率的回归系数显著为负，说明随着低生产率企业购地面积的下降，企业生产效率有所提升。这一结果从低生产率企业视角验证了资源配置机制，即工业用地市场化改革能够通过降低低生产率企业的购地面积，进而提升企业的全要素生产率。

表 7 - 8　　　　　中介效应检验：资源配置机制（低生产率企业视角）

| 变量 | 全要素生产率（lntfp） | 低生产率企业购地面积（cont_low） | 全要素生产率（lntfp） |
|---|---|---|---|
| | （1） | （2） | （3） |
| market | 0.0661 **（0.0309） | - 0.0459 **（0.0221） | 0.0646 **（0.0308） |
| cont_low | | | - 0.0339 ***（0.0092） |
| 企业层面控制变量 | 是 | 是 | 是 |
| 地区层面控制变量 | 是 | 是 | 是 |
| 年份固定效应 | 是 | 是 | 是 |
| 个体固定效应 | 是 | 是 | 是 |
| 样本量 | 14 744 | 14 744 | 14 744 |
| $R^2$ | 0.8538 | 0.4068 | 0.8540 |

注：*、**、*** 分别代表参数估计值在 10%、5%、1% 的水平上显著，括号内为标准误。

综上所述，工业用地市场化改革能够通过有效的市场机制在高生产率企业和低生产率企业之间形成优胜劣汰效应，实现土地资源的优化配置，进而驱动企业生产效率的提升。

## 7.4.2　技术创新机制

分析技术创新机制在政策冲击中发挥的作用，相应回归结果体现在表 7 - 9 中。从表中第（1）列可以看出，工业用地市场化改革对全要素生产率的总影响效应为 0.1561，且在 1% 的水平上显著为正，可见工业用地市场化改革显著提升了企业的生产效率，与前文回归结果一致。表中第（2）列和第（3）列分别给出政策交乘项对企业技术创新水平的回归结果，以及政策交乘项、技术创新水平对全要素生产率的回归结果。第（2）列中，政策交乘项（treat_post）的系数估计值虽为正数，但并不显著，而第（3）列中，政策交乘项（treat_post）对全要素生产率的回归系数显著为正，技术创新水平（patent）对全要素生产率的回归结果并不显著，这表明工业用地市场化改革并不能通过提高企业当期的技术创新水平进而提升企业的生产效率。

此外，根据温忠麟和叶宝娟（2014）的阐述，若 $\lambda_1$ 不显著，需要对 $H_0$：$\lambda_1 \times \theta = 0$ 进行检验。因此，本书利用 Bootstrap 法检验技术创新机制中介效应的显著性。在通过 500 次随机抽样后，技术创新机制中介效应的 95% 置信区间为（-0.0014，0.0032），包括 0，说明应接受原假设 $H_0$：$\lambda_1 \times \theta = 0$，支持上述回归结果。

表 7 - 9　　　　　　　　　　　中介效应检验：技术创新机制

| 变量 | 全要素生产率（lntfp） | 技术创新水平（patent） | 全要素生产率（lntfp） |
| --- | --- | --- | --- |
| | (1) | (2) | (3) |
| treat_post | 0.1561 *** (0.0418) | 0.1035 (0.0808) | 0.1552 *** (0.0418) |
| patent | | | 0.0087 (0.0067) |
| 企业层面控制变量 | 是 | 是 | 是 |
| 地区层面控制变量 | 是 | 是 | 是 |
| 年份固定效应 | 是 | 是 | 是 |
| 个体固定效应 | 是 | 是 | 是 |
| 样本量 | 6 357 | 6 357 | 6 357 |
| $R^2$ | 0.8803 | 0.5371 | 0.8803 |

注：* 、** 、*** 分别代表参数估计值在 10% 、5% 、1% 的水平上显著，括号内为标准误。

由此可见，相较于技术创新，工业用地市场化改革影响生产效率的机理更加依赖于要素配置层面。究其原因，虽然技术创新是提升生产效率的重要途径，但对于工业用地市场化改革这项土地政策而言，其直接影响的是企业要素投入方式及要素价格。因此，在短期内，市场化改革带来要素成本上升、要素投入机制更为公开，企业将更有动力合理利用手中的土地资源，实现资源的优化配置；但若将视角放长，从长远发展来看，有效的市场竞争机制也有利于促使企业将更多闲置资源用于研发投入，实现技术水平的提升。

基于上述分析，本书进一步对技术创新机制的滞后性进行检验。具体而言，本书将模型中的被解释变量滞后两期参与回归，回归结果见表7-10。

表7-10　　　　　　　中介效应检验：技术创新机制的滞后效应

| 变量 | 全要素生产率（lntfp） | 技术创新水平（patent） | 全要素生产率（lntfp） |
|---|---|---|---|
| | (1) | (2) | (3) |
| treat_post | 0.2717 *** (0.0473) | 0.2074 ** (0.1023) | 0.2696 *** (0.0472) |
| patent | | | 0.0180 ** (0.0087) |
| 企业层面控制变量 | 是 | 是 | 是 |
| 地区层面控制变量 | 是 | 是 | 是 |
| 年份固定效应 | 是 | 是 | 是 |
| 个体固定效应 | 是 | 是 | 是 |
| 样本量 | 3 422 | 3 422 | 3 422 |
| $R^2$ | 0.8885 | 0.6308 | 0.8887 |

注：*、**、***分别代表参数估计值在10%、5%、1%的水平上显著，括号内为标准误。

表7-10中第（1）列的回归结果显示，政策交乘项（treat_post）对全要素生产率的回归系数显著为正，表明工业用地的市场化配置改革对企业全要素生产率的提升作用存在一定的滞后性。而第（2）列结果显示，政策交乘项

（treat_post）对技术创新水平（patent）的系数依然显著为正，这表明在考虑了滞后效应后，工业用地市场化改革的推进能够显著提升企业的技术创新水平。其次，第（3）列的结果显示，政策交乘项（treat_post）、技术创新水平（patent）对全要素生产率（lntfp）的回归结果均显著为正。这一结果表明，技术创新机制的中介效应成立，且存在一定的滞后效果。工业用地市场化改革能够通过提升企业未来的技术创新水平，进而促进全要素生产率的提升。

## 7.5 本章小结

本章基于 2003～2013 年微观企业的土地交易数据库，运用双重差分法考察工业用地市场化改革对企业全要素生产率的影响及作用机制。实证结果发现：

第一，工业用地市场化改革显著提升企业的全要素生产率。双重差分检验结果显示，相较于对照组企业，工业用地市场化改革的实施使处理组企业的全要素生产率显著提升，并且从时间趋势上看，政策影响效果呈现先增强后减弱的趋势。此外，在考虑其他遗漏变量及内生性影响的条件下，政策效果依然显著。

第二，工业用地市场化改革对全要素生产率的影响具有异质性效应。本书进行了企业、行业、地区三个方面的异质性检验，研究发现：首先，在企业层面，政策效果会随企业规模的变化而展现出差异性影响。企业资产规模的增加能够显著提升全要素生产率，但在市场化改革的冲击下，资产规模较小的企业，全要素生产率的提升效果较大。其次，企业所在行业属性也会影响政策的冲击效果，工业用地市场化改革对土地依赖程度较小行业的企业全要素生产率有更大的提升作用。此外，此项市场化改革的政策效果还存在空间异质性，其对东北地区及西部地区企业全要素生产率的提升作用显著高于东部地区。

第三，工业用地市场化改革主要通过资源配置机制和技术创新机制实现企业全要素生产率的提升。本书运用中介效应模型，从资源配置、技术创新两个方面对政策冲击的影响机制进行检验，研究发现：一方面，工业用地市场化改革能够通过增加高生产率企业的购地面积、降低低生产率企业的购地面积，促进土地资源的优化配置，最终实现全要素生产率的提升。另一方面，工业用地市场化改革能够通过提升企业长期技术创新水平，进而促进全要素生产率的提升。

综上所述，工业用地市场化改革在改善企业效率方面发挥显著作用，通过优化土地资源配置和提升企业长期技术创新水平，提高企业全要素生产率。但这一效应在不同规模企业、不同类型行业及不同地区间存在显著差异，市场化改革仍需不断探索完善。

# 第 8 章

# 工业用地市场化改革效果总结 及政策建议

## 8.1 工业用地市场化改革的效果总结

### 8.1.1 有利于改善工业用地价格扭曲

随着工业用地市场化改革的不断深入，改革成效逐步显现，最直接影响便是构建了工业用地的价格形成机制，从而显著改善了地价扭曲现象。在市场化改革之前，工业用地价格被长期低估，没有很好地体现市场供需，也不利于资源配置，从而导致了土地粗放利用等问题。改革之后，工业用地价格上涨，逐渐起到市场信号的作用，反映市场供需，地价扭曲现象得到很大改善。

具体来看，伴随着工业用地市场化改革的推进，市场化方式出让的比例不断增加。并且相较于原来的协议出让，招标、拍卖、挂牌三种市场化出让方式能够显著提升工业地价。作为最基本的市场信号，土地价格的这个变化趋势反映了市场机制形成的价格逐步回升至反映供需的真实水平，从而也表明改革为企业提供更加公平的购地空间。由此说明，改革是有成效的，初步达到了提供更加公平开放的要素配置平台的目的。此外，横向对比商服用地、住宅用地、工业用地的地价增长率也可以发现，在 2007 年市场化改革之后，2008～2019 年工业地价平均增长率高于 2003～2006 年，这进一步说明市场化改革改善了工业用地的地价扭曲。

## 8.1.2 有利于优化工业用地资源配置

工业用地的市场化出让能够改善不同属性企业的购地环境，提升工业用地的配置效率。主要包括以下两个方面。

第一，从土地配置机会公平性来看，在工业用地市场化改革初期，国有企业有着较强的购地优势，成功购得优质地块（指地块等级高或者距市中心更近、面积更大）的概率要显著大于其他所有制类型企业。但随着改革不断地推进，这种优势明显有所削弱，意味着市场化改革增强了土地配置在企业间的机会公平性。

第二，从价格公平性角度来看，国有企业相比其他所有制企业能够以更低的单价购得工业用地，这表明在土地配置过程中存在价格差异现象。但反事实回归结果显示，随着改革的推进这种差异现象有所缓解，间接说明市场化改革在一定程度上减少了用地主体间的价格差异问题，从而实现了土地资源在用地主体间配置时的价格公平性。

## 8.1.3 有利于提升工业企业生产效率

在地价效应和资源配置效应的基础上，工业用地市场化改革还通过促进土地资源的优化配置、激励企业技术创新进而实现企业全要素生产率的增长。

全要素生产率主要用于衡量总产出中不能由要素投入所解释的"剩余"。全要素生产率既能够体现经济发展质量，又能解释经济体中要素投入对经济增长的贡献,因此被广泛应用于产业经济学等多学科的研究中,各国也纷纷将提升全要素生产率作为经济发展的重要目标之一。

工业用地市场化改革改善了土地出让机制,促使形成公开、公平、公正的市场化出让机制。一方面,通过显化土地价值,在价格机制的作用下激励企业进行土地资源的整合和集约利用,这有利于土地资源在企业间的优化配置,进而促进生产率的增长。另一方面,地价的上涨将缓解融资约束,诱发企业创新补偿,激励企业增加研发投入,提升企业技术进步能力。与此同时,市场研发资源流动性的增强也有利于企业技术创新能力的提高,进而通过激励企业进行技术创新实现生产率的增长。

综上所述,工业用地市场化改革在改善企业效率方面发挥了显著作用,通过优化土地资源配置和提升企业长期技术创新水平,提高了企业全要素生产率。但这一效应在不同规模企业、不同类型行业及不同地区间存在显著差异,市场化改革仍需不断探索完善。

## 8.2 工业用地市场化改革的政策建议

### 8.2.1 深化改革,推进土地政策创新

虽然改革卓有成效,但仍存在不彻底不到位的地方,所以下一步深化方向首要是明确政府角色和市场定位。根据第 3 章的机理分析及第 4、5 章的实证分析可以看出,政府是对工业用地出让产生影响的重要因素。因此要继续深化工业用地市场化改革,首要便是明确政府在改革中的角色和定位,更好地发挥政府的作用。政府作为政策制定者和唯一供给方,需要推进土地政策创新(弹性出让政策、标准地政策、M0 产业混合用地政策等),提供有效的政策支持,满足企业需求,激发主体活力;同时做好供地规划,在产业需求研判的基础上,提出土地供给总量、结构、时序等具体对策,保障优势地区

和重点产业的土地供给，并实现土地要素可持续利用。

　　另外，优化工业用地市场环境也是深化工业用地市场化改革重要举措。市场是配置资源最有效的形式，工业用地市场的价格机制需要进一步完善，使得土地价格可以充分反映市场的供需，成为市场信号，从而消除因人为因素导致的价格歧视。正如前文所述，已有研究发现挂牌是市场化改革背景下干预土地出让频繁使用的方式，这也暗示该方式下人为因素导致的价格歧视的可能性更高。因此，第一，应当结合待出让土地综合特征对土地出让方式进行较为明确的规定，降低出让方式选择的主观性。对土地出让信息、竞地投标主体等及时进行网络公示，接受社会公众监督，将网络排查与实地排查相结合，提高土地出让流程的透明性。第二，对土地可采取"亩产论英雄"的标准进行供给，即对土地产出值进行限制，以此考核购地企业的土地利用效率，并按事先设定的奖罚机制进行处理，以此实现全流程的监督。第三，加强土地一级市场和二级市场的规范和管理，对其中的违纪违法行为严厉查处，不可姑息，保障公平有效的工业用地市场的建立。

## 8.2.2　统一市场，完善价格形成机制

　　土地要素改革的目标就是发挥市场在资源配置中的决定性作用。如果要素市场被固化，价格也就无法引导资源配置。因此必须开放要素市场，打破市场、行业、区域壁垒，促进土地要素在社会再生产各环节、各区域间流动，建立灵活、真实、确切的土地价格反应机制和价格监控纠偏相关机制，加快建设全国统一的土地市场。

　　土地要素配置应立足空间的整体性。长期以来，我国城乡建设用地市场二元分割。良好运行的城乡统一土地市场能平衡城乡土地供给和需求，并通过价格机制实现对土地资源的最优配置。因此，应加快城乡土地同权化，积极探索推进集体经营性建设用地入市，一定程度上能够缓解现阶段土地资源紧缺，而市场供应主体增加同时有助于促进土地要素市场发育。在此基础上，推动城乡基准地价、标定地价的制定与发布，形成与市场价格挂钩动态调整

机制，逐步完善城乡工业地价体系。除此之外，稳妥推进全国性的建设用地指标跨区域交易实施，一定程度缓解地区之间用地需求和供给不匹配的矛盾，实现土地资源在相对过剩和相对短缺城市之间的跨区域空间配置。

考虑到土地一、二级市场的差异性，当前，我国形成的是以政府供应为主的土地一级市场和市场化的土地二级市场。作为一级市场的有益补充，土地二级市场侧重于要素配置，能够激发市场主体活力，是盘活存量土地的有效抓手。而目前的工业用地市场化改革主要聚焦于一级市场，但随着改革进入深水区，二级市场完善将是下一步的实施重点。因此，从价格联动与监测机制入手，在工业用地二级市场逐步完善的过程中，充分衔接二者的市场属性，加强两个市场的整合联动，实现两个市场的价格逐步趋同，克服工业用地定价难题，从而减少城市土地错配与土地投机现象。

鼓励市场化盘活存量工业用地，加强土地一、二级市场有效衔接。第一，整合市场监管、税务、金融、司法等部门，加强各部门的数据交换和信息共享，规范交易行为，优化交易流程。同时引导双方合理协定交易价格，避免过度抬高二级市场地价，不断完善工业用地二级市场价格形成机制，有序推进二级市场培育和发展。第二，各地要建立土地市场交易平台，汇集土地二级市场交易信息，提供交易场所，并与全国土地二级市场交易服务平台实现互联互通，打破地区之间信息和市场的分割，促进土地要素流动。第三，充分衔接土地一、二级市场，加强重点产业和项目的土地供应保障，通过有序安排一级市场的供应计划来有效约束二级市场的用地成本。此外，构建"政市"联动的地价形成机制，实现工业用地一级市场价格与二级市场价格挂钩动态调整，发挥地价监测的专业桥梁纽带作用，准确捕捉市场价格信号，为政府和市场提供真实的土地价值，强化一、二级市场地价联动，助力工业用地价格市场化改革。

### 8.2.3 理顺机制，打通政策传导路径

从前文研究可知，政策效应的传导经过土地价格—土地资源配置—企业

生产效率的路径。目前来看，改革效应沿着这条路径已经基本传导到企业经营层面并且产生了积极的效果。然而，不能忽视的是，这个传导路径目前还不是完全畅通，这在一定程度上影响了改革效果的全面实现。因此要进一步理顺机制，减少制度壁垒，畅通政策传导路径，使得改革效果能又快又好地传导到企业层面，显著促进企业生产效率的提高，才能达到改革的最终目的。

打通政策传导路径，应进一步完善土地出让全流程程序，充分发挥市场机制的作用效果。因此，首先，完善土地出让过程中的供求机制、价格机制、竞争机制，形成优胜劣汰的市场生态，将工业用地出让给高效率企业；同时强化社会监督，使工业用地市场更加公开透明。其次，进一步优化工业用地市场供应体系，结合市场用地主体的特征，积极探索差别化的土地出让机制；并科学划定工业用地配置准入门槛，使招商引资与所在区域的产业、空间发展需求相匹配，降低土地错配风险。最后，充分发挥土地二级市场对土地资源配置的作用，适当放松二级市场交易的限制，方便企业更加迅速、灵活地流转工业用地使用权，从而满足更多用地主体的需求。此外，完善和疏通低生产率企业退出市场的通道，加快地方政府回收和再出让具体地块的行政审批效率，以便为土地要素的合理配置创造更加有利的环境，减少不合理的土地资源占用。

此外，从前文的机制探讨结果来看，目前工业用地市场化改革通过提高当期的企业技术创新水平来提升企业全要素生产率的效果尚不显著，但改革可以提高未来企业技术创新能力进而提升企业全要素生产率。技术进步是企业实现长期生产效率提升的重要途径，因此，推进政府主导、企业参与的创新研发主体建设，同时激发企业的创新主体作用，鼓励大企业和科技领军企业牵头组建创新联合体，加速技术创新外溢，从而有助于促进产业链创新链融合发展。同时，在技术创新相关支持政策保障方面，依托资本市场、产业金融等新型金融工具，扩大科技创新的金融支持，还可以通过技术支持、分类补贴、实施奖励等方式帮助企业。

与此同时，工业用地市场化改革对提升企业全要素生产率的影响是多途径的，需要进一步挖掘其他影响机制，协同技术创新，充分发挥改革对提升全要素生产率的有效性。

### 8.2.4 因地制宜，促进区域协调发展

从工业用地配置效率的角度来看，改革对土地资源配置有效性存在区域差异，其中对东中部地区工业用地配置效率存在显著的负向影响，而对东北地区则显著为正，西部地区效果暂未显现。这是由于目前东部地区土地要素的市场化程度已经较高，而东北地区和西部地区还有较大的进步空间。从企业全要素生产率的角度来看，改革对企业全要素生产率的影响也存在区域差异，对西部、中部、东北地区的企业全要素生产率的提升作用相差不大，而对东部地区企业全要素生产率的提升作用相对较小。这再次揭示了我国区域发展不协调、工业用地市场化改革效果不均衡的现状，因此有必要加快推进各地存量土地盘活工作，增强土地要素对优势地区高质量发展保障能力。

第一，在优势地区，土地稀缺性更严重，故而需要提升闲置土地、未利用地的开发强度，结合用地主体的特征，实现弹性的供地方式。2024 年 2 月，习近平总书记主持召开中央全面深化改革委员会第四次会议，审议通过《关于改革土地管理制度增强对优势地区高质量发展保障能力的意见》，再次强调：要提高土地要素配置精准性和利用效率，增强土地要素对优势地区高质量发展保障能力。

第二，对于低效率企业以及"僵尸企业"占用的工业用地，建立低效工业用地的土地评价、监督、处罚机制，在发挥市场机制作用的基础上，引导低效率工业用地的有序退出。此外，应逐步完善土地二级市场的交易制度和监管体系，鼓励部分未得到充分利用的工业用地进入二级市场流转，以促进有限土地资源的合理配置和集约利用，从而达到驱动企业生产效率增长、实现集约型经济发展的目的。

第三，可以在土地出让阶段，针对不同的行业类型及企业所处的生命

周期阶段，制定相应的工业用地弹性出让年限标准，提高出让年限与企业的生命周期之间的匹配度，以提升土地资源的流转效率，使高速发展的企业获得更多的优质土地资源，助力市场选择机制的作用效果。最后，将存量土地盘活工作纳入地方政府绩效考核，有利于加快土地盘活工作的推进过程。

# 附录 A  工业用地市场化水平测算结果

附表 A-1          2007～2013 年中国各省市工业用地市场化水平

测算结果（出让宗数占比）

| 地区 | 2007 年 | 2008 年 | 2009 年 | 2010 年 | 2011 年 | 2012 年 | 2013 年 |
|------|---------|---------|---------|---------|---------|---------|---------|
| 安徽 | 0.32902 | 0.88644 | 0.92483 | 0.94587 | 0.96061 | 0.97139 | 0.98605 |
| 北京 | 0.05975 | 0.33918 | 0.63679 | 0.74138 | 0.71512 | 0.56589 | 0.69492 |
| 福建 | 0.11604 | 0.93881 | 0.92551 | 0.97330 | 0.95942 | 0.96196 | 0.94770 |
| 甘肃 | 0.51095 | 0.69268 | 0.75521 | 0.78286 | 0.84137 | 0.90895 | 0.90850 |
| 广东 | 0.08769 | 0.62682 | 0.57547 | 0.71161 | 0.78548 | 0.79701 | 0.81993 |
| 河南 | 0.22028 | 0.53543 | 0.73851 | 0.77261 | 0.81568 | 0.52015 | 0.84961 |
| 广西 | 0.47173 | 0.80997 | 0.78313 | 0.80570 | 0.87483 | 0.85275 | 0.92902 |
| 河北 | 0.31017 | 0.71399 | 0.84036 | 0.84472 | 0.90550 | 0.92391 | 0.91169 |
| 贵州 | 0.15209 | 0.73451 | 0.52381 | 0.69091 | 0.80802 | 0.87045 | 0.90590 |
| 海南 | 0.60606 | 0.55000 | 0.68293 | 0.93939 | 0.97500 | 0.97674 | 0.95000 |
| 黑龙江 | 0.59890 | 0.59079 | 0.61230 | 0.69458 | 0.81735 | 0.82522 | 0.77492 |
| 湖北 | 0.18440 | 0.76168 | 0.87639 | 0.91628 | 0.92526 | 0.94615 | 0.95526 |
| 湖南 | 0.33274 | 0.79908 | 0.81924 | 0.84086 | 0.90233 | 0.90860 | 0.92896 |
| 吉林 | 0.45157 | 0.67951 | 0.63034 | 0.68706 | 0.76147 | 0.78839 | 0.79659 |
| 江苏 | 0.12769 | 0.85208 | 0.87787 | 0.93575 | 0.96197 | 0.96848 | 0.97776 |
| 江西 | 0.45262 | 0.84048 | 0.95184 | 0.97816 | 0.98294 | 0.98618 | 0.98318 |
| 辽宁 | 0.38762 | 0.61052 | 0.79041 | 0.77541 | 0.85109 | 0.84015 | 0.85135 |
| 内蒙古 | 0.39503 | 0.55844 | 0.55398 | 0.71065 | 0.82261 | 0.85375 | 0.89710 |
| 宁夏 | 0.68797 | 0.68468 | 0.87313 | 0.92157 | 0.95522 | 0.95103 | 0.96170 |
| 青海 | 0.40541 | 0.50000 | 0.60274 | 0.58197 | 0.51282 | 0.37415 | 0.44865 |
| 山东 | 0.13683 | 0.71085 | 0.86162 | 0.88619 | 0.93573 | 0.95770 | 0.95732 |

续表

| 地区 | 2007 年 | 2008 年 | 2009 年 | 2010 年 | 2011 年 | 2012 年 | 2013 年 |
|------|---------|---------|---------|---------|---------|---------|---------|
| 山西 | 0.25753 | 0.76628 | 0.90956 | 0.84836 | 0.89948 | 0.94192 | 0.96478 |
| 陕西 | 0.39151 | 0.68349 | 0.75082 | 0.77273 | 0.84854 | 0.92656 | 0.93778 |
| 上海 | 0.26038 | 0.88395 | 0.93802 | 0.97826 | 0.96620 | 0.98383 | 0.90877 |
| 四川 | 0.24178 | 0.69637 | 0.38771 | 0.85985 | 0.87401 | 0.90833 | 0.94022 |
| 天津 | 0.03821 | 0.56736 | 0.81474 | 0.87131 | 0.89655 | 0.90709 | 0.91757 |
| 新疆 | 0.46635 | 0.73707 | 0.66967 | 0.74304 | 0.81767 | 0.87643 | 0.89993 |
| 云南 | 0.42458 | 0.70769 | 0.69195 | 0.83920 | 0.88193 | 0.94957 | 0.95207 |
| 浙江 | 0.48280 | 0.88333 | 0.94086 | 0.94262 | 0.94938 | 0.94094 | 0.94316 |
| 重庆 | 0.51604 | 0.91701 | 0.89219 | 0.92760 | 0.94991 | 0.98121 | 0.94518 |

**附表 A－2 2007～2013 年中国各省市工业用地市场化水平测算结果（面积占比）**

| 地区 | 2007 年 | 2008 年 | 2009 年 | 2010 年 | 2011 年 | 2012 年 | 2013 年 |
|------|---------|---------|---------|---------|---------|---------|---------|
| 安徽 | 0.35241 | 0.90060 | 0.93054 | 0.93262 | 0.97982 | 0.97491 | 0.96149 |
| 北京 | 0.04602 | 0.32405 | 0.78272 | 0.86689 | 0.76407 | 0.64225 | 0.80836 |
| 福建 | 0.15639 | 0.93347 | 0.88837 | 0.94046 | 0.96731 | 0.96885 | 0.96542 |
| 甘肃 | 0.29563 | 0.58555 | 0.75958 | 0.82735 | 0.83009 | 0.79662 | 0.85970 |
| 广东 | 0.14714 | 0.76395 | 0.68184 | 0.81385 | 0.83436 | 0.83308 | 0.81743 |
| 河南 | 0.27045 | 0.65207 | 0.80448 | 0.80674 | 0.84655 | 0.80353 | 0.91159 |
| 广西 | 0.45881 | 0.81365 | 0.81326 | 0.87472 | 0.93389 | 0.81304 | 0.93441 |
| 河北 | 0.31400 | 0.74140 | 0.82084 | 0.68689 | 0.88910 | 0.79650 | 0.90605 |
| 贵州 | 0.09170 | 0.64948 | 0.25703 | 0.64247 | 0.75668 | 0.82060 | 0.82066 |
| 海南 | 0.74388 | 0.75379 | 0.80635 | 0.98533 | 0.99837 | 0.84762 | 0.98953 |
| 黑龙江 | 0.75825 | 0.63466 | 0.65018 | 0.77834 | 0.90508 | 0.84378 | 0.80213 |
| 湖北 | 0.20478 | 0.79018 | 0.94508 | 0.92899 | 0.94638 | 0.92941 | 0.94668 |
| 湖南 | 0.29794 | 0.76795 | 0.91367 | 0.87569 | 0.94270 | 0.96313 | 0.97125 |
| 吉林 | 0.71744 | 0.77262 | 0.79518 | 0.84122 | 0.89481 | 0.90719 | 0.89376 |
| 江苏 | 0.15310 | 0.93367 | 0.94257 | 0.96159 | 0.97180 | 0.97687 | 0.98219 |
| 江西 | 0.49464 | 0.90825 | 0.96855 | 0.97259 | 0.96503 | 0.98438 | 0.97532 |

| 地区 | 2007 年 | 2008 年 | 2009 年 | 2010 年 | 2011 年 | 2012 年 | 2013 年 |
|---|---|---|---|---|---|---|---|
| 辽宁 | 0.29943 | 0.65873 | 0.87707 | 0.88319 | 0.90429 | 0.89638 | 0.81513 |
| 内蒙古 | 0.41299 | 0.57781 | 0.60107 | 0.70209 | 0.81884 | 0.87948 | 0.80486 |
| 宁夏 | 0.84783 | 0.93176 | 0.89089 | 0.90406 | 0.93590 | 0.91233 | 0.97938 |
| 青海 | 0.05605 | 0.31792 | 0.46514 | 0.71533 | 0.21682 | 0.04742 | 0.13926 |
| 山东 | 0.18101 | 0.79065 | 0.88505 | 0.92835 | 0.94649 | 0.97005 | 0.91248 |
| 山西 | 0.17897 | 0.82466 | 0.91857 | 0.89914 | 0.90189 | 0.92769 | 0.97107 |
| 陕西 | 0.34356 | 0.83679 | 0.78802 | 0.88230 | 0.86534 | 0.95356 | 0.95500 |
| 上海 | 0.32331 | 0.91553 | 0.94870 | 0.82228 | 0.97603 | 0.95487 | 0.88011 |
| 四川 | 0.23254 | 0.73696 | 0.78658 | 0.90862 | 0.87262 | 0.75978 | 0.95119 |
| 天津 | 0.03262 | 0.71391 | 0.93021 | 0.91228 | 0.95914 | 0.94289 | 0.96153 |
| 新疆 | 0.47040 | 0.69513 | 0.67526 | 0.79582 | 0.61569 | 0.67935 | 0.77894 |
| 云南 | 0.32667 | 0.82202 | 0.15752 | 0.91841 | 0.88422 | 0.94674 | 0.76134 |
| 浙江 | 0.52672 | 0.91337 | 0.96597 | 0.96841 | 0.96854 | 0.95685 | 0.95465 |
| 重庆 | 0.46803 | 0.96369 | 0.98750 | 0.99142 | 0.86898 | 0.99390 | 0.99294 |

# 附录 B 工业用地配置效率的测算结果

| 附表 B | | | 2007～2013 年中国各省工业用地配置效率测算结果 | | | | |
|---|---|---|---|---|---|---|---|
| 地区 | 2007 年 | 2008 年 | 2009 年 | 2010 年 | 2011 年 | 2012 年 | 2013 年 |
| 安徽 | − 0.45607 | − 0.33090 | − 0.25502 | 0.22304 | − 0.15830 | − 0.26510 | − 0.26196 |
| 北京 | − 0.28856 | − 0.17121 | − 0.26491 | − 0.19124 | − 0.27358 | − 0.58055 | − 0.57257 |
| 福建 | − 0.27403 | − 0.17609 | − 0.21960 | − 0.20301 | − 0.33252 | − 0.20773 | − 0.25623 |
| 甘肃 | − 0.25579 | − 0.02835 | − 0.21050 | − 0.46576 | − 0.40748 | − 0.31435 | − 0.37265 |
| 广东 | − 0.23260 | − 0.44046 | − 0.32857 | − 0.05414 | − 0.17189 | − 0.18005 | − 0.14603 |
| 河南 | − 0.43765 | − 0.28744 | − 0.09080 | − 0.27961 | − 0.25166 | − 0.36385 | − 0.36741 |
| 广西 | − 0.17772 | − 0.36609 | − 0.73963 | − 0.26355 | − 0.37985 | − 0.23709 | − 0.39405 |
| 河北 | − 0.38482 | − 0.29035 | − 0.45811 | 0.00000 | 0.56811 | 0.36501 | 0.33834 |
| 贵州 | − 0.49202 | − 0.33212 | − 0.35668 | − 0.45615 | − 0.23608 | − 0.24208 | − 0.15470 |
| 海南 | − 0.46563 | − 0.14837 | − 0.23805 | − 0.44038 | − 0.25156 | − 0.25926 | − 0.21776 |
| 黑龙江 | − 0.29490 | 0.07227 | − 0.13107 | 0.05649 | − 0.15581 | − 0.40240 | − 0.24892 |
| 湖北 | − 0.25544 | − 0.19448 | − 0.22009 | − 0.29294 | − 0.21561 | − 0.27022 | − 0.24295 |
| 湖南 | − 0.14005 | 0.55904 | − 0.06475 | − 0.03600 | — | — | − 0.38716 |
| 吉林 | − 0.06833 | − 0.29274 | − 0.16392 | − 0.06940 | − 0.28716 | − 0.30668 | − 0.24284 |
| 江苏 | − 0.23721 | − 0.30602 | − 0.31253 | − 0.35984 | − 0.21472 | − 0.30050 | − 0.30653 |
| 江西 | − 0.39636 | − 0.12056 | − 0.39972 | − 0.23343 | − 0.41131 | − 0.24514 | − 0.16939 |
| 辽宁 | − 0.28446 | − 0.23718 | − 0.17120 | − 0.26751 | − 0.25177 | − 0.24390 | − 0.19138 |
| 内蒙古 | − 0.36095 | − 0.01100 | 0.01389 | − 0.51560 | − 0.36817 | − 0.22360 | − 0.39462 |
| 宁夏 | − 0.08232 | − 0.15304 | 0.00476 | − 0.15549 | − 0.31339 | − 0.23482 | − 0.31179 |
| 青海 | 0.18531 | − 0.13855 | − 0.00070 | 1.51277 | − 0.18030 | − 0.52944 | − 0.29098 |
| 山东 | − 0.26242 | − 0.30919 | − 0.30247 | − 0.47614 | − 0.36899 | − 0.33543 | − 0.32911 |
| 山西 | − 0.08085 | − 0.09807 | − 0.04248 | 0.05715 | − 0.01226 | − 0.62568 | − 0.34036 |

续表

| 地区 | 2007 年 | 2008 年 | 2009 年 | 2010 年 | 2011 年 | 2012 年 | 2013 年 |
|------|---------|---------|---------|---------|---------|---------|---------|
| 陕西 | 0.37851 | − 0.04096 | − 0.16592 | − 0.49716 | − 0.11617 | − 0.23472 | − 0.33443 |
| 上海 | − 0.27660 | − 0.43400 | − 0.13369 | − 0.30523 | − 0.16839 | − 0.30163 | − 0.06202 |
| 四川 | − 0.18624 | − 0.35594 | − 0.33206 | − 0.16143 | − 0.23341 | − 0.29426 | − 0.29605 |
| 天津 | − 0.26631 | − 0.07436 | − 0.90890 | 0.03704 | 0.09785 | − 0.27539 | − 0.20664 |
| 新疆 | − 0.17590 | − 0.40600 | − 0.30643 | − 0.09825 | − 0.45600 | − 0.26755 | − 0.23358 |
| 云南 | − 0.34011 | 0.11430 | − 0.19545 | − 0.21287 | − 0.30767 | − 0.19723 | − 0.33775 |
| 浙江 | − 0.28458 | − 0.39013 | − 0.24834 | − 0.32375 | − 0.16184 | − 0.25589 | − 0.23533 |
| 重庆 | − 0.20990 | − 0.36857 | − 0.73502 | − 0.25436 | − 0.62730 | − 0.33540 | — |

# 附录 C  替换离散选择模型前后的结果

2007~2013 年国有企业 Mlogit 回归结果

| 变量 | 2007 年 | 2008 年 | 2009 年 | 2010 年 | 2011 年 | 2012 年 | 2013 年 |
|---|---|---|---|---|---|---|---|
| Distance | -0.4486 *** <br> (-5.30) | -0.5535 *** <br> (-5.44) | -0.3621 *** <br> (-3.95) | -0.3814 *** <br> (-4.38) | -0.3539 *** <br> (-5.78) | -0.2184 *** <br> (-3.56) | -0.1385 ** <br> (-2.13) |
| Area | 0.2769 *** <br> (3.77) | 0.4174 *** <br> (4.70) | 0.4184 *** <br> (5.19) | 0.3808 *** <br> (4.96) | 0.5725 *** <br> (10.03) | 0.5575 *** <br> (10.14) | 0.4022 *** <br> (6.98) |
| Constant | -3.7989 *** <br> (-3.18) | -6.6194 *** <br> (-4.63) | -8.6699 *** <br> (-6.13) | -7.3793 *** <br> (-5.43) | -7.7275 *** <br> (-8.64) | -8.0811 *** <br> (-9.11) | -7.0063 *** <br> (-7.04) |
| Observations | 3 304 | 2 850 | 3 908 | 3 017 | 7 760 | 9 330 | 10 310 |
| Pseudo R - squared | 0.173 | 0.170 | 0.156 | 0.177 | 0.148 | 0.129 | 0.111 |
| LR chi2 | 849.4 | 615.9 | 713.1 | 702.4 | 1 200 | 1 167 | 966.6 |
| Controls | 是 | 是 | 是 | 是 | 是 | 是 | 是 |

注：①括号内为 Z 统计量，＊、＊＊、＊＊＊分别代表 10%、5%、1% 的统计显著性水平；②Controls 包括企业特征、城市相关特征、地块其他特征等控制变量。

附表 C-2  2007~2013 年国有企业 logit 回归结果

| 变量 | 2007 年 | 2008 年 | 2009 年 | 2010 年 | 2011 年 | 2012 年 | 2013 年 |
|---|---|---|---|---|---|---|---|
| Distance | -0.4207 *** <br> (-4.97) | -0.5665 *** <br> (-5.54) | -0.3769 *** <br> (-4.05) | -0.3653 *** <br> (-4.12) | -0.3562 *** <br> (-5.80) | -0.2177 *** <br> (-3.57) | -0.1398 ** <br> (-2.15) |
| Area | 0.2719 *** <br> (3.68) | 0.3921 *** <br> (4.29) | 0.4144 *** <br> (5.08) | 0.3955 *** <br> (5.08) | 0.5706 *** <br> (9.91) | 0.5564 *** <br> (10.06) | 0.3995 *** <br> (6.93) |

续表

| 变量 | 2007 年 | 2008 年 | 2009 年 | 2010 年 | 2011 年 | 2012 年 | 2013 年 |
|---|---|---|---|---|---|---|---|
| Constant | −4.0619 ***<br>(−3.39) | −6.6460 ***<br>(−4.58) | −8.2613 ***<br>(−5.86) | −7.3338 ***<br>(−5.37) | −7.6129 ***<br>(−8.50) | −8.0571 ***<br>(−9.15) | −7.2097 ***<br>(−7.20) |
| Observations | 2 838 | 2 544 | 3 521 | 2 672 | 7 168 | 8 633 | 9 661 |
| Pseudo<br>R − squared | 0.279 | 0.282 | 0.268 | 0.285 | 0.184 | 0.147 | 0.149 |
| LR chi2 | 437.8 | 356.7 | 404.7 | 415.1 | 570.2 | 476.3 | 462 |
| Controls | 是 | 是 | 是 | 是 | 是 | 是 | 是 |

注：①括号内为 Z 统计量，*、**、***分别代表10%、5%、1%的统计显著性水平；②Controls 包括企业特征、城市相关特征、地块其他特征等控制变量。

附表 C - 3　　　　　2007~2013 年港澳台企业 Mlogit 回归结果

| 变量 | 2007 年 | 2008 年 | 2009 年 | 2010 年 | 2011 年 | 2012 年 | 2013 年 |
|---|---|---|---|---|---|---|---|
| Distance | 0.0186<br>(0.21) | −0.0138<br>(−0.12) | −0.1539<br>(−1.56) | −0.2167 *<br>(−1.90) | −0.1446 *<br>(−1.78) | −0.1570 **<br>(−2.13) | −0.1448 *<br>(−1.87) |
| Area | 0.0949<br>(1.25) | 0.1536<br>(1.62) | 0.1464 *<br>(1.89) | −0.0926<br>(−1.08) | 0.2555 ***<br>(4.00) | 0.1893 ***<br>(3.39) | 0.2164 ***<br>(3.57) |
| Constant | −6.3102 ***<br>(−4.52) | −6.4198 ***<br>(−3.85) | −2.9537 *<br>(−1.81) | −7.5308 ***<br>(−3.49) | −7.5069 ***<br>(−5.78) | −5.7012 ***<br>(−4.86) | −1.5386<br>(−1.19) |
| Observations | 3 304 | 2 850 | 3 908 | 3 017 | 7 760 | 9 330 | 10 310 |
| Pseudo<br>R − squared | 0.173 | 0.170 | 0.156 | 0.177 | 0.148 | 0.129 | 0.111 |
| LR chi2 | 849.4 | 615.9 | 713.1 | 702.4 | 1 200 | 1 167 | 966.6 |
| Controls | 是 | 是 | 是 | 是 | 是 | 是 | 是 |

注：①括号内为 Z 统计量，*、**、***分别代表10%、5%、1%的统计显著性水平；②Controls 包括企业特征、城市相关特征、地块其他特征等控制变量。

附表 C - 4 　　　　　　　2007 ~ 2013 年港澳台企业 logit 回归结果

| 变量 | 2007 年 | 2008 年 | 2009 年 | 2010 年 | 2011 年 | 2012 年 | 2013 年 |
|---|---|---|---|---|---|---|---|
| Distance | 0.0258<br>- 0.29 | - 0.0107<br>( - 0.09) | - 0.1725 *<br>( - 1.70) | - 0.2256 **<br>( - 1.97) | - 0.1655 **<br>( - 2.04) | - 0.1658 **<br>( - 2.26) | - 0.1520 *<br>( - 1.96) |
| Area | 0.1184<br>(1.52) | 0.1609<br>(1.63) | 0.1533 *<br>(1.93) | - 0.0846<br>( - 0.97) | 0.2699 ***<br>(4.13) | 0.1885 ***<br>(3.33) | 0.2271 ***<br>(3.70) |
| Constant | - 6.8995 ***<br>( - 4.82) | - 6.8931 ***<br>( - 4.08) | - 3.1616 *<br>( - 1.91) | - 7.3607 ***<br>( - 3.35) | - 7.6130 ***<br>( - 5.82) | - 5.7986 ***<br>( - 4.95) | - 1.4312<br>( - 1.10) |
| Observations | 2 714 | 2 508 | 3 508 | 2 541 | 6 928 | 8 594 | 9 598 |
| Pseudo R - squared | 0.180 | 0.123 | 0.131 | 0.125 | 0.123 | 0.118 | 0.0891 |
| LR chi2 | 268.6 | 130.4 | 186.9 | 133.8 | 285.4 | 341.6 | 238.4 |
| Controls | 是 | 是 | 是 | 是 | 是 | 是 | 是 |

注：①括号内为 Z 统计量，*、**、*** 分别代表 10%、5%、1% 的统计显著性水平；②Controls 包括企业特征、城市相关特征、地块其他特征等控制变量。

附表 C - 5 　　　　　　　2007 ~ 2013 年外资企业 Mlogit 回归结果

| 变量 | 2007 年 | 2008 年 | 2009 年 | 2010 年 | 2011 年 | 2012 年 | 2013 年 |
|---|---|---|---|---|---|---|---|
| Distance | - 0.1370 *<br>( - 1.70) | - 0.0287<br>( - 0.27) | - 0.1593 *<br>( - 1.73) | - 0.3370 ***<br>( - 3.37) | - 0.3676 ***<br>( - 4.79) | - 0.3957 ***<br>( - 5.32) | - 0.3461 ***<br>( - 4.64) |
| Area | 0.1118<br>(1.61) | - 0.0146<br>( - 0.17) | 0.1284 *<br>(1.70) | 0.0868<br>(1.11) | 0.1766 ***<br>(2.88) | 0.1649 ***<br>(2.86) | 0.1880 ***<br>(3.10) |
| Constant | - 2.5377 **<br>( - 1.99) | - 5.6796 ***<br>( - 3.49) | - 0.3808<br>( - 0.23) | - 3.5396 **<br>( - 1.96) | - 5.3230 ***<br>( - 4.04) | - 3.5295 ***<br>( - 2.89) | - 3.1494 **<br>( - 2.35) |
| Observations | 3 304 | 2 850 | 3 908 | 3 017 | 7 760 | 9 330 | 10 310 |
| Pseudo R - squared | 0.173 | 0.170 | 0.156 | 0.177 | 0.148 | 0.129 | 0.111 |
| LR chi2 | 849.4 | 615.9 | 713.1 | 702.4 | 1 200 | 1 167 | 966.6 |
| Controls | 是 | 是 | 是 | 是 | 是 | 是 | 是 |

注：①括号内为 Z 统计量，*、**、*** 分别代表 10%、5%、1% 的统计显著性水平；②Controls 包括企业特征、城市相关特征、地块其他特征等控制变量。

附表 C-6　　　　　　　　2007~2013 年外资企业 logit 回归结果

| 变量 | 2007 年 | 2008 年 | 2009 年 | 2010 年 | 2011 年 | 2012 年 | 2013 年 |
|---|---|---|---|---|---|---|---|
| Distance | -0.1517 *<br>(-1.88) | -0.0517<br>(-0.47) | -0.1734 *<br>(-1.86) | -0.3624 ***<br>(-3.62) | -0.3835 ***<br>(-4.95) | -0.4002 ***<br>(-5.41) | -0.3570 ***<br>(-4.77) |
| Area | 0.1154<br>(1.59) | -0.0188<br>(-0.21) | 0.1274<br>(1.64) | 0.1040<br>(1.29) | 0.1746 ***<br>(2.79) | 0.1583 ***<br>(2.70) | 0.1868 ***<br>(3.05) |
| Constant | -2.6821 **<br>(-2.07) | -5.7080 ***<br>(-3.44) | -0.5039<br>(-0.30) | -3.1613 *<br>(-1.75) | -5.4261 ***<br>(-4.09) | -3.9096 ***<br>(-3.20) | -3.1670 **<br>(-2.36) |
| Observations | 2 812 | 2 492 | 3 494 | 2 653 | 7 080 | 8 565 | 9 620 |
| Pseudo R - squared | 0.0878 | 0.128 | 0.0913 | 0.124 | 0.151 | 0.136 | 0.104 |
| LR chi2 | 149.3 | 157.9 | 142.4 | 168 | 390.1 | 383.4 | 294.2 |
| Controls | 是 | 是 | 是 | 是 | 是 | 是 | 是 |

注：①括号内为 Z 统计量，* 、** 、*** 分别代表 10%、5%、1% 的统计显著性水平；②Controls 包括企业特征、城市相关特征、地块其他特征等控制变量。

# 参考文献

[1] 安礼伟，蒋元明. 长三角区域规划与先进制造业企业全要素生产率——基于 PSM – DID 模型的经验研究 [J]. 产业经济研究，2020（4）：45 – 60.

[2] 卞元超，白俊红. "为增长而竞争" 与 "为创新而竞争" ——财政分权对技术创新影响的一种新解释 [J]. 财政研究，2017（10）：43 – 53.

[3] 曹清峰，王家庭. 我国工业用地与居住用地的合理比价估算——基于 35 个大中城市的实证研究 [J]. 财经科学，2014（9）：88 – 98.

[4] 陈佳贵，黄群慧，钟宏武. 中国地区工业化进程的综合评价和特征分析 [J]. 经济研究，2006（6）：4 – 15.

[5] 陈林. 中国工业企业数据库的使用问题再探 [J]. 经济评论，2018（6）：140 – 153.

[6] 陈秀山，张可云. 区域经济理论 [M]. 北京：商务印书馆，2003.

[7] 陈志刚，王青. 经济增长、市场化改革与土地违法 [J]. 中国人口·资源与环境，2013，23（8）：48 – 54.

[8] 陈卓，许彩彩，张耀宇，等. 土地价格上涨如何改善城市土地利用效率？[J]. 中国人口·资源与环境，2022，32（10）：112 – 124.

[9] 程惠芳，陆嘉俊. 知识资本对工业企业全要素生产率影响的实证分析 [J]. 经济研究，2014，49（5）：174 – 187.

[10] 崔新蕾，孟祥文，王丹丹. 空间视角下城市群工业用地市场化的区域差异与收敛性特征 [J]. 中国土地科学，2020（1）：34 – 43.

[11] 戴小勇. 要素错配、企业研发决策与全要素生产率损失 [D]. 大连：大连理工大学，2016.

[12] 丁成日. 土地政策改革时期的城市空间发展：北京的实证分析 [J]. 城市发展研究, 2006 (13)：42-52.

[13] 范子英, 程可为, 冯晨. 用地价格管制与企业研发创新：来自群聚识别的证据 [J]. 管理世界, 2022, 38 (8)：156-178.

[14] 冯志艳, 黄玖立. 工业用地价格是否影响企业进入：来自中国城市的微观证据 [J]. 南方经济, 2018 (4)：73-94.

[15] 干春晖, 邹俊, 王健. 地方官员任期、企业资源获取与产能过剩 [J]. 中国工业经济, 2015 (3)：44-56.

[16] 高向军, 孙英辉, 彭爱华, 等. 健全制度, 让"问责"出实效——土地违法问责制与耕地保护共同责任机制研究之二 [J]. 中国土地, 2012 (1)：50-53.

[17] 郝寿义, 安虎森. 区域经济学（第二版）[M]. 北京：经济科学出版社, 2004.

[18] 黄健柏, 徐震, 徐珊. 土地价格扭曲、企业属性与过度投资——基于中国工业企业数据和城市地价数据的实证研究 [J]. 中国工业经济, 2015 (3)：57-69.

[19] 黄金升, 陈利根, 张耀宇, 等. 产业结构差异下地方政府经济行为与工业地价研究 [J]. 产业经济研究, 2017 (3)：81-90.

[20] 黄金升, 陈利根, 张耀宇, 等. 中国工业地价与产业结构变迁互动效应研究 [J]. 资源科学, 2017a, 39 (4)：585-596.

[21] 黄志基, 朱晟君, 石涛. 工业用地出让、技术关联与产业进入动态 [J]. 经济地理, 2022, 42 (5)：144-155.

[22] 蒋省三, 刘守英, 李青. 土地制度改革与国民经济成长 [J]. 管理世界, 2007 (9)：1-9.

[23] 金晓斌, 周寅康, 常春, 等. 基于市场化程度的工业用地出让价格评价研究——以江苏省为例 [J]. 资源科学, 2011, 33 (2)：302-307.

[24] 雷潇雨, 龚六堂. 基于土地出让的工业化与城镇化 [J]. 管理世界, 2014 (9)：29-41.

［25］黎小明．土地市场价格上升对工业结构升级的倒逼作用研究［D］．大连：大连理工大学，2018．

［26］李波．土地出让市场化、所有制差异与企业进入［J］．财经论丛，2020（1）：104－113．

［27］李力行，黄佩媛，马光荣．土地资源错配与中国工业企业生产率差异［J］．管理世界，2016（8）：86－96．

［28］李鲁，王磊，邓芳芳．要素市场扭曲与企业间生产率差异：理论及实证［J］．财经研究，2016，42（9）：110－120．

［29］李小平，朱钟棣．中国工业行业的全要素生产率测算——基于分行业面板数据的研究［J］．管理世界，2005（4）：56－64．

［30］刘金灿，施建刚．我国城市工业用地价格的影响因素分析——基于35个大中城市面板数据的实证研究［J］．价格理论与实践，2013（7）：56－57．

［31］刘守英，王志锋，张维凡，等．"以地谋发展"模式的衰竭——基于门槛回归模型的实证研究［J］．管理世界，2020，36（6）：80－92，119，246．

［32］刘守英，熊雪锋，章永辉，等．土地制度与中国发展模式［J］．中国工业经济，2022（1）：34－53．

［33］刘卫东，段洲鸿．工业用地价格标准的合理确定［J］．浙江大学学报：人文社会科学版，2008（4）：146－153．

［34］刘元春，陈金至．土地制度、融资模式与中国特色工业化［J］．中国工业经济，2020（3）：5－23．

［35］鲁晓东，连玉君．中国工业企业全要素生产率估计：1999—2007［J］．经济学（季刊），2012，11（2）：541－558．

［36］毛丰付，裘文龙．纵向分权，横向竞争与土地价格扭曲［J］．经济与管理研究，2013（12）：35－47．

［37］聂辉华，江艇，杨汝岱．中国工业企业数据库的使用现状和潜在问题［J］．世界经济，2012，35（05）：142－158．

［38］彭山桂，汪应宏，陈晨，等．地方政府工业用地低价出让行为经济合理性分析——基于广东省地级市层面的实证研究［J］．自然资源学报，2015，30（7）：1078 - 1091.

［39］秦兴龙，章波，黄贤金，等．长江三角洲地区工业地价形成的内在机理与博弈分析［J］．中国土地科学，2005（3）：44 - 48.

［40］邵源．关于"土地财政"与财税体制改革问题综述［J］．经济研究参考，2010（24）：36 - 45.

［41］陶坤玉，张敏，李力行．市场化改革与违法：来自中国土地违法案件的证据［J］．南开经济研究，2010（2）：28 - 43.

［42］田文佳，余靖雯，龚六堂．晋升激励与工业用地出让价格——基于断点回归方法的研究［J］．经济研究，2019，54（10）：89 - 105.

［43］田文佳，张庆华，龚六堂．土地引资促进地区工业发展了吗？——基于土地、企业匹配数据的研究［J］．经济学（季刊），2020，19（1）：33 - 60.

［44］屠帆，葛家玮，刘道学，等．土地出让市场化改革进程中工业地价影响因素研究［J］．中国土地科学，2017，31（12）：33 - 41，68.

［45］王媛，杨广亮．为经济增长而干预：地方政府的土地出让策略分析［J］．管理世界，2016，272（5）：18 - 31.

［46］温忠麟，叶宝娟．中介效应分析：方法和模型发展［J］．心理科学进展，2014（5）：731 - 745.

［47］吴传清．区域经济学原理［M］．武昌：武汉大学出版社，2008.

［48］吴群，李永乐．财政分权、地方政府竞争与土地财政［J］．财贸经济，2010（7）：51 - 59.

［49］席强敏，梅林．工业用地价格、选择效应与工业效率［J］．经济研究，2019，54（2）：102 - 118.

［50］肖文，薛天航．劳动力成本上升、融资约束与企业全要素生产率变动［J］．世界经济，2019（1）：76 - 94.

［51］谢呈阳，胡汉辉．中国土地资源配置与城市创新：机制讨论与经验

证据 [J]. 中国工业经济, 2020 (12): 83-101.

[52] 徐升艳, 陈杰, 赵刚. 土地出让市场化如何促进经济增长 [J]. 中国工业经济, 2018 (3): 44-61.

[53] 徐跃红, 吕萍, 袁文麟. 北京市工业园区地价形成机理分析 [J]. 商业研究, 2009 (4): 104-105.

[54] 严思齐, 彭建超, 吴群. 中国省际土地节约型技术进步测度与影响因素研究 [J]. 中国人口·资源与环境, 2018, 28 (12): 98-105.

[55] 杨广亮. 政企关系影响土地出让价格吗？[J]. 经济学 (季刊), 2019, 18 (1): 193-212.

[56] 杨红梅, 刘卫东, 刘红光. 土地市场发展对土地集约利用的影响 [J]. 中国人口·资源与环境, 2011, 21 (12): 129-133.

[57] 杨先明, 李波. 土地出让市场化能否影响企业退出和资源配置效率？[J]. 经济管理, 2018, 40 (11): 55-72.

[58] 杨志海. 生产环节外包改善了农户福利吗？——来自长江流域水稻种植农户的证据 [J]. 中国农村经济, 2019 (4): 73-91.

[59] 余淼杰, 金洋, 张睿. 工业企业产能利用率衡量与生产率估算 [J]. 经济研究, 2018 (5): 56-71.

[60] 余泳泽, 刘凤娟, 张少辉. 中国工业分行业资本存量测算: 1985—2014 [J]. 产业经济评论, 2017 (6): 5-15.

[61] 曾龙, 李燕凌, 刘远风. 土地资源错配对城市集聚特征的影响研究——基于产业集聚与结构的视角 [J]. 经济经纬, 2019, 36 (5): 104-111.

[62] 张莉, 程可为, 赵敬陶. 土地资源配置和经济发展质量——工业用地成本与全要素生产率 [J]. 财贸经济, 2019, 40 (10): 126-141.

[63] 张莉, 黄亮雄, 刘京军. 土地引资与企业行为——来自购地工业企业的微观证据 [J]. 经济学动态, 2019, 703 (9): 82-96.

[64] 张莉, 王贤彬, 徐现祥. 财政激励、晋升激励与地方官员的土地出让行为 [J]. 中国工业经济, 2011 (4): 35-43.

[65] 张立新，朱道林，陈庚，等.长江三角洲典型城市工业用地价格偏离时空差异及影响因素研究 [J].长江流域资源与环境，2018，27（1）：13 - 21.

[66] 张琳，黎小明，刘冰洁，等.土地要素市场化配置能否促进工业结构优化？——基于微观土地交易数据的分析 [J].中国土地科学，2018，32（6）：23 - 31.

[67] 张天华，张少华.中国工业企业全要素生产率的稳健估计 [J].世界经济，2016（4）：44 - 69.

[68] 赵爱栋，马贤磊，曲福田，等.基于资源价值显化视角的中国工业用地市场发育水平及其影响因素 [J].资源科学，2016（2）：217 - 227.

[69] 赵文哲，杨继东.地方政府财政缺口与土地出让方式——基于地方政府与国有企业互利行为的解释 [J].管理世界，2015（4）：11 - 24.

[70] 赵祥，曹佳斌.地方政府"两手"供地策略促进产业结构升级了吗——基于105个城市面板数据的实证分析 [J].财贸经济，2017，38（7）：64 - 77.

[71] 赵娅.对不同土地出让方式的理论和实证比较——基于拍卖理论并以北京市土地市场为例 [J].南开经济研究，2012，166（4）：97 - 112.

[72] 郑云有，周国华.关于城镇工业用地基准地价评估的研究——以株洲市为例 [J].经济地理，2001，21（1）：4 - 6.

[73] 周方伟，杨继东.市场化进程改善了政府配置资源的效率吗——基于工业用地出让的经验研究 [J].经济理论与经济管理，2020，350（2）：24 - 39.

[74] 周玉龙，杨继东，黄阳华，Geoffrey J. D. Hewings.高铁对城市地价的影响及其机制研究——来自微观土地交易的证据 [J].中国工业经济，2018（5）：118 - 136.

[75] 朱沛华，陈林.工业增加值与全要素生产率估计——基于中国制造业的拟蒙特卡洛实验 [J].中国工业经济，2020（7）：24 - 42.

[76] Atteberry, William, Ronald Rutherford. Industrial Real Estate Prices

and Market Efficiency［J］. Journal of Real Estate Research, 1993, 8（2）: 377－385.

［77］ Brandt L, Van Biesebroeck J, Zhang Y. Creative accounting or creative destruction? Firm-level productivity growth in Chinese manufacturing［J］. Journal of Development Economics, 2012, 97（2）: 339－351.

［78］ Cai H, Henderson J V, Zhang Q. China's land market auctions: evidence of corruption?［J］. Rand Journal of Economics, 2013, 44（3）: 488－521.

［79］ Compte O, Jehiel P. Auctions and Information Acquisition: Sealed－Bid or Dynamic Formats?［J］. The RAND Journal of Economics, 2007, 38（2）.

［80］ Cheng J. Analysis of the factors influencing industrial land leasing in Beijing of China based on the district-level data［J］. Land Use Policy, 2022, 122: 106389.

［81］ Chen Z, Wang Q, Huang X. Can land market development suppress illegal land use in China?［J］. Habitat International, 2015, 49: 403－412.

［82］ Gretschko V, Rajko A. Excess information acquisition in auctions［J］. Experimental Economics, 2015.

［83］ Hebderson V, Becker R. Political economy of city sizes and formation［J］. Journal of urban economics, 2000, 48（3）: 453－484.

［84］ Huang Z, Du X. Strategic interaction in local governments' industrial land supply: Evidence from China［J］. Urban Studies, 2017, 54（6）: 1328－1346.

［85］ Levinsohn J, Petrin A. Estimating production functions using inputs to control for unobservables［J］. Review of Economic Studies, 2003, 70（2）: 317－341.

［86］ Li P, Lu Y, Wang J. Does flattening government improve economic performance? Evidence from China［J］. Journal of Development Economics, 2016, 123: 18－37.

［87］ Lin S, Ben T. Impact of government and industrial agglomeration on industrial land prices: A Taiwanese case study [J]. Habitat International, 2009, 33 (4): 412 - 418.

[88] Lockwood, Larry J, Ronald C. Rutherford. Determinants of Industrial Property Value [J]. Real Estate Economics, 1996, 24 (2): 257 - 272.

[89] Lu S, Wang H. Local economic structure, regional competition and the formation of industrial land price in China: Combining evidence from process tracing with quantitative results [J]. Land Use Policy, 2020, 97.

[90] Massell B F. A disaggregated view of technical change [J]. Journal of Political Economy, 1961, 69 (6): 547 - 557.

[91] Melitz M J, Ottaviano G. Market size, trade, and productivity [J]. Review of Economic Studies, 2008, 75 (1): 295 - 316.

[92] Myerson R B. Optimal Auction Design [J]. Mathematics of Operations Research, 1981, 6 (1): 58 - 73.

[93] Olley G S, Pakes A. The dynamics of productivity in the telecommunications equipment industry [J]. Econometrica, 1996, 64 (6): 1263 - 1297.

[94] Ran Tao. Land Leasing and Local Public Finance in China's Regional Development: Evidence from Prefecture-level Cities [J]. Urban Studies, 2010, 47 (10).

[95] Riley J G, Samuelson W F. Optimal Auctions [J]. American Economic Review, 1981, 71 (3): 381 - 392.

[96] Tu F, Yu X, Ruan J. Industrial Land Use Efficiency Under Government Intervention: Evidence from Hangzhou, China [J]. Habitat International, 2014 (43): 1 - 10.

[97] Wang Y., Hui E. C. Are Local Governments Maximizing Land Revenue? Evidence from China [J]. China Economic Review, 2017 (43): 196 - 215.

[98] Zheng D, Shi M. Industrial land policy, firm heterogeneity and firm location choice: Evidence from China [J]. Land Use Policy, 2018, 76 (7): 58 - 67.